D1714548

clave

Deepak Chopra es médico y autor de más de 65 libros, varios de los cuales han estado en la lista de los más vendidos de *The New York Times*. Se especializó en medicina interna y endocrinología, y en la actualidad es miembro de la Academia Estadounidense de Médicos y de la Asociación Estadounidense de Endocrinólogos Clínicos, además de desempeñarse como investigador científico en la organización Gallup.

www.deepakchopra.com

DEEPAK CHOPRA

¿De qué se ríe Dios?

El sendero hacia el gozo
y el optimismo espiritual

Traducción
Martha Baranda

DEBOLS!LLO

¿De qué se ríe Dios?
El sendero hacia el gozo y el optimismo espiritual

Título original: *Why is God laughing?*
The Path to Joy and Spiritual Optimism

Primera edición en Debolsillo: febrero, 2011
Segunda edición: enero, 2016

D. R. © 2008, Deepak Chopra
www.deepakchopra.com

Publicado bajo acuerdo con Harmony Books
Nueva York

Todos los derechos reservados.
Publicado en Estados Unidos por Harmony Books, una empresa de
Crown Publishing Group, una división de Random House, Inc., Nueva York.
www.crownpublishing.com

Harmony Books y el colofón de Harmony Books son marcas registradas
de Random House, Inc.

D. R. © 2016, derechos de edición mundiales en lengua castellana:
Penguin Random House Grupo Editorial, S. A. de C. V.
Blvd. Miguel de Cervantes Saavedra núm. 301, 1er piso,
colonia Granada, delegación Miguel Hidalgo, C. P. 11520,
México, D. F.

www.megustaleer.com.mx

Traducción de Martha Baranda

ISBN: 978-607-313-923-6
Impreso en México – *Printed in Mexico*

El papel utilizado para la impresión de este libro ha sido fabricado a partir de madera procedente
de bosques y plantaciones gestionadas con los más altos estándares ambientales, garantizando
una explotación de los recursos sostenible con el medio ambiente y beneficiosa para las personas.

Penguin
Random House
Grupo Editorial

Para Mike Myers, quien me demostró que la verdadera
espiritualidad significa no tomarnos tan en serio,
y para los amantes de la risa y la sabiduría en todas partes

Índice

Prólogo

He tenido muchos héroes en mi vida. Mi padre fue el primero; Deepak Chopra, el más reciente. Hubo un héroe intermedio que me enseñó acerca de la risa. Su nombre era Del Close.

Del Close fue uno de los fundadores del teatro Second City en Chicago, en 1959. Él es el padre de la moderna comedia de improvisación como ahora la conocemos, líder del exitoso movimiento satírico estadounidense, inventor del *happening*,★ filósofo, teórico, gran maestro y, lo más importante, era divertido. Bill Murray, John Belushi, Chris Farley, Stephen Colbert, Amy Poehler, yo mismo y muchos otros nos hemos beneficiado de sus enseñanzas y su filosofía de que la comedia equivale a la verdad y la verdad equivale al crecimiento espiritual. En pocas palabras, el *ja-ja* se relaciona con el *ajá,* el sonido que uno emite al percatarse de la verdad.

Se dice que la verdad nos hará libres, pero yo creo que la verdad puede ser dolorosa en un principio. Como dijo Lenny Bruce en cierta ocasión, la ecuación de la comedia es "risa = dolor + tiempo". Del le llamaba "distancia" al tiempo adicional; Deepak le llama "desapego". Ambos estarían de acuerdo en que, para ser iluminado, debes caminar ligero.

★ Arte situacional que implica la participación del público y la improvisación. [N. del T.]

La risa se siente bien. A paso lento y de forma divertida, *¿De qué se ríe Dios?* explora la naturaleza espiritual y saludable de la risa así como el estado mental del desapego, la gratitud y la valiente búsqueda de la verdad que comprende tanto a la risa como a la paz espiritual que produce.

Mi primer héroe, mi padre, solía decir: "Nada es tan malo que no podamos reírnos de ello". Hombre intenso, él siempre encontraba el humor en los momentos más oscuros. Mi padre vivió en la época de la Depresión, la Guerra de Broma en 1939, la segunda Guerra Mundial, la Guerra Fría y, por último, su propia guerra contra el Alzheimer. No obstante, incluso en su demencia encontraba el humor en su condición: tan fuerte e innata es la necesidad humana de reír.

En su ensayo *La risa*, Henri Bergson dice que ésta es una respuesta autónoma que proviene de las profundidades de la parte reptil de nuestro cerebro y que se dispara con la conciencia de nuestra propia mortalidad. En estas páginas, Deepak ha logrado dramatizar lo anterior de manera brillante en la persona de Mickey Fellows, un comediante obligado a enfrentar sus más profundos temores. Deepak nos demuestra que existe la oscuridad en nuestro mundo y que la comedia es la vela; nos motiva a meditar sobre la vela y no sobre la oscuridad.

¿Por qué ríe Dios? Porque entiende la broma.

MIKE MYERS

¿De qué se ríe Dios?

1

La gracia resplandece como un rayo de luz, penetra en el universo y es inmune a la distancia o a la oscuridad. Tú no puedes verla pero ella sabe adónde se dirige. En cualquier momento, alguien puede ser tocado por su misterioso poder.

Incluso Mickey Fellows.

Ese día en particular, Mickey conducía a gran velocidad su Cadillac Escalade color negro a través del valle y se mantenía atento a la presencia de la policía. El sol de Los Ángeles se reflejaba en la autopista pero para Mickey, sentado detrás del parabrisas polarizado y con lentes de sol, pudo haber sido el anochecer.

—Repítemelo —murmuró en su teléfono celular.

—Los dueños del teatro no están contentos. Dicen que el material nuevo no es divertido. Quieren de regreso al viejo Mickey.

Era Alicia, su agente.

—Al diablo con ellos. Deberían besar mi trasero sólo por molestarme en presentarme.

Mickey Fellows tenía ofertas para hacer películas con dos estudios distintos y su último divorcio había aparecido en la portada de la revista *People*. La única razón por la cual se presentaba en teatros de comedia era porque quería mantener despierta su sensibilidad hacia el público.

Alicia no se dio por vencida.

—Tú no quieres jugar de esa manera. Quizá necesites de esos teatros algún día.

—Ni Dios lo quiera —Mickey encendió otro cigarrillo mentolado.

Dios tiene la ventaja de poder observar cada vida a la vez y de borrar todas las diferencias. Si tú pudieras mirar hacia abajo a toda la raza humana desde una distancia infinita, verías que la Humanidad entera estaba en la autopista ese día. Como el resto de nosotros, Mickey le prestaba poca atención a su alma. No quería enfrentar verdades dolorosas, así que se las arreglaba para distraerse casi cada hora de su vida en vigilia.

En ese momento, Mickey intuyó que ya era tiempo de reír.

—Tengo un buen chiste para ti —le dijo a su agente—. Mi abuelo tiene ochenta años de edad y tiene sexo casi todos los días. Casi lo hizo el lunes, casi lo hizo el martes, casi lo hizo el miércoles.

Alicia guardó silencio.

—Creo que está por entrarme otra llamada —dijo Mickey.

—No, no es verdad.

—No bromeo esta vez —aclaró Mickey—. Espera —oprimió una tecla—. ¿Hola?

—¿Es Mickey Fellows?

—¿Quién desea saberlo?

Gente desconocida siempre conseguía su número telefónico.

—Llamo del Hospital Cedars Sinaí.

Mickey sintió gotas de sudor escurrir por su cuello y se aferró con más fuerza al volante.

—¿Sí?

En los pocos segundos entre un desastre inminente y su caída sobre la Tierra, un impresionante número de pensamientos puede atravesar por tu mente. Mickey se vio a sí mismo en su examen físico anual de la semana anterior. El rostro de su esposa apareció frente a él, con tanta claridad como si no hubieran estado divorciados durante cinco años. Cáncer, sida, un accidente de auto. La rueda del destino giraba y la flecha estaba a punto de detenerse.

—Lo lamento, señor Fellows. Se trata de su padre.

—¿Se cayó? Se supone que alguien lo cuidaba —dijo Mickey.

Había contratado a un ama de llaves de tiempo completo para su padre, una plácida señora guatemalteca que sabía poco inglés.

—Su padre recibió la mejor atención en la sala de emergencias. Hicimos todo lo posible por revivirlo pero no pudimos salvarlo.

Mickey no escuchó esas últimas palabras. Tan pronto como la voz pronunció "hicimos todo lo posible", un rugido en los oídos de Mickey le impidió escuchar todo lo demás.

—¿Cuándo murió?

La voz en el teléfono, de mujer, tal vez una enfermera, comenzó a explicarle pero el rugido aún la bloqueaba.

—Espere un segundo —pidió Mickey y condujo el auto hacia la orilla del camino. Respiró profundo y sacudió la cabeza, como un nadador que expulsa agua de sus oídos—. ¿Puede repetirme eso?

—El servicio de emergencias lo trajo inconsciente. Fue un infarto masivo de arteria coronaria. El nombre de usted estaba en su billetera como familiar más cercano.

Mickey se sintió mareado y con náuseas.

—¿Sufrió?

La voz intentó sonar apacible.

—Si le sirve de consuelo, este tipo de ataques suelen ser muy rápidos; menos de un minuto.

"Un minuto que él sintió como horas", pensó Mickey.

—De acuerdo, voy para allá. ¿Lo encontraré en la sala de emergencias?

La voz de la mujer dijo que sí y Mickey colgó, se reincorporó al tránsito y aceleró el auto hasta la siguiente salida. La noticia había sido muy sorpresiva pero no lloró. En realidad no sabía cómo sentirse. Larry. El viejo. La madre de Mickey había muerto joven de cáncer de seno. Su parte de la familia tenía predisposición al cáncer. Su padre, por otra parte, era fuerte como un clavo. Sin invitación previa, un chiste apareció en su mente.

Una mujer de mediana edad muere de un ataque al corazón. Cuando llega al cielo, Dios le dice: "Ha habido un terrible error. Tú no estabas programada para morir todavía, hasta dentro de cuarenta años".

La mujer despierta y se va a su casa. Se da cuenta de que, con una vida tan larga frente a ella, debe tener buena apariencia, así que se somete a cirugía plástica: estiramiento facial, implante de senos, escultura de abdomen y demás. Dos meses después, la mujer cruza la calle y la atropella un autobús.

Esta vez, cuando llega al cielo, le dice a Dios: "¿Qué sucedió? Se supone que yo viviría otros cuarenta años".

Y Dios le responde: "Mabel, ¿eres tú?"

Por lo regular, Mickey encontraba consuelo en sus propios chistes, pero esta vez se sintió inundado por una ola de culpa. No era buen momento para el humor; no obstante, así era como su mente funcionaba. No podía evitarlo.

La sala de espera de emergencias era un lugar tenso. El aire estaba saturado de sufrimiento. Rostros desesperados miraban a cualquiera que pasara por allí con la esperanza de que se tratara de un médico. Mickey avanzó hasta el módulo de admisiones. Cuando la enfermera escuchó su nombre, le dijo:

—Lamento su pérdida, señor Fellows. Por aquí, por favor.

La enfermera lo condujo a través de un pasadizo de puertas abatibles y a lo largo de un corredor con camillas alineadas a los costados. Sentado en una de ellas, un chico con la cabeza llena de vendajes ensangrentados emitía leves quejidos. Se detuvieron junto a las puertas abatibles del final de la sala y la enfermera se colocó a un costado.

—¿Está usted listo? —preguntó.

—Deme un momento, por favor —respondió Mickey.

—Tómese su tiempo. El doctor estará adentro en cuanto usted esté listo —murmuró ella.

Con el fin de calmar su nerviosismo, Mickey intentó imaginar cómo luciría el rostro de Larry en la muerte pero, en lugar de eso, otro chiste apareció en su mente.

Dios y el Diablo discutían acerca de la barda que separaba el cielo y el infierno. "Tu lado está a punto de caerse", dijo Dios. "Sólo míralo."

"¿Y qué?", dijo el Diablo.

"Ambos somos responsables del mantenimiento de nuestros lados de la barda. El mío está perfecto."

El Diablo se encogió de hombros con aire de indiferencia. "¿Y qué harás al respecto?"

"Si me obligas, buscaré a un abogado y te demandaré", dijo Dios.

El Diablo emitió una carcajada. "Por favor. ¿Dónde crees que vas a conseguir un abogado?"

Mickey rió en silencio y después se sorprendió.

—Jesús, ¿por qué no puedo actuar normal? —murmuró.

—¿Perdón? —preguntó la enfermera.

—Nada. Ya voy a entrar. Gracias.

Por alguna razón, a lo largo de sus treinta y siete años de vida, Mickey nunca había visto un cadáver. La luz en la sala había disminuido. Una figura yacía debajo de una sábana, sobre una mesa.

"Jesús, papá, ¿puedes saludarme?"

Resultaba sorprendente percibir cómo la muerte aquietaba el aire alrededor. Mickey reflexionó al respecto e intentó no estremecerse. El olor a desinfectante hacía aún más frío el ambiente de la sala. Pasaron los minutos. Mickey se pellizcó e intentó no pensar en otro chiste.

Un católico, un protestante y un judío mueren y van al cielo. En las puertas del cielo, san Pedro dice…

Alguien tosió con suavidad detrás de él.

—¿Señor Fellows? Soy el doctor Singh.

El chiste escapó de la mente de Mickey y éste se volvió hacia el hombre indio con vestimenta verde de hospital y con un estetoscopio alrededor del cuello.

—No quise interrumpirlo —murmuró el joven médico. Parecía tener veintitantos años, excepto por su barba negra y erizada.

Mickey sintió un pinchazo de culpa. "Él cree que yo rezaba."

El médico hizo un ademán tranquilizador con la mano.

—Puede acercarse si lo desea —le dijo.

Ninguno de los dos habló mientras el joven doctor apartaba la sábana.

En realidad no le resultó tan difícil como imaginaba el hecho de contemplar a Larry muerto. Su padre podría estar dormido. Su color de piel aún no era pálido. Incluso a sus setenta años de edad, siempre había tenido la manía de conservar un buen bronceado a lo largo de todo el año.

—Parece estar en paz.

El doctor Singh asintió.

—¿Quiere saber con exactitud lo que sucedió? Yo no estaba de turno cuando él llegó aquí pero he revisado su expediente. A veces, los familiares quieren conocer los detalles.

—Sólo algunos —aclaró Mickey.

Se preguntó si la mayoría de los hijos metían las manos debajo de la sábana para sujetar las manos de sus padres. Las manos de Larry descansaban sobre su pecho. ¿Qué sería más siniestro: que la piel estuviera más fría o más tibia?

—Fue un infarto agudo al miocardio. Un ataque cardiaco masivo alrededor de las dos de esta tarde. Los paramédicos llegaron en cinco minutos pero es probable que su padre haya fallecido antes de caer al piso.

—Entonces fue rápido —observó Mickey.

21

—Muy rápido.

Tal vez aquello explicaba la expresión en el rostro de Larry, la cual no era tan apacible, según dedujo Mickey, sino un tanto de sorpresa. "Si tu corazón explotara y todo lo que sintieras fuera un dolor terrible, ¿lucirías sorprendido?" De pronto, Mickey tuvo una idea que lo atrapó con la guardia baja.

"No estoy muerto, baboso. Sólo fingí y me metí en muchos problemas aquí. Entiendes la broma, ¿verdad? Tú, entre todos los demás."

Mickey tuvo que combatir el impulso repentino de patear la mesa y golpear a su padre hasta hacerlo caer.

"No es divertido, bastardo demente", le hubiera gritado. Y Larry hubiera estallado en una de sus carcajadas que le brotaban desde el vientre mientras se incorporaba y se sacudía el polvo.

Entonces, con el rabillo del ojo, Mickey captó la expresión del médico. ¿Era nerviosismo aquello que había visto? El rostro del joven doctor adquirió un tono verdoso. Quizá tampoco él había visto tanta muerte, después de todo. Mickey no lo sabía pero de una cosa estaba seguro: en definitiva, la situación no era una broma.

Tres días después, Mickey fue a cerrar el departamento de su padre. Era pequeño, de una sola recámara, y formaba parte de un complejo de retiro en Culver City. Le pagó a Lupe, el ama de llaves guatemalteca. Ella fue quien encontró el cuerpo de Larry.

—Ahí, señor —dijo ella mientras señalaba el sillón favorito

de Larry, un reclinatorio Barcalounger que Larry recordaba de cuando era niño. Había sobrevivido a las guerras y el cuero azul oscuro de los brazos estaba desgastado y cuarteado.

"Así que aquí fue donde caíste", pensó Mickey. Después de que Lupe hubo partido, entre risitas de vergüenza porque él le había entregado un billete adicional de cien dólares y había cargado la aspiradora hasta el auto de ella, no había razón para quedarse allí. Mickey cerró las persianas y con ello dejó afuera los últimos rayos débiles de luz del atardecer. Después apagó el termostato y miró alrededor.

¿Algo más?

Encontró una botella medio vacía de whisky sobre la mesa de su padre. La etiqueta decía "Jim Bearn" pero gritaba soledad. Mickey se preguntó si su padre se había dado por vencido cerca del final. Siempre sonaba contento por teléfono.

—No, no tienes que apresurarte a venir. Tu viejo está afinado como un violín y tenso como un tambor —diría Larry—. O quizá sólo tenso.

Mickey hizo girar el líquido ambarino con aire ausente. "Tenso" era la palabra adecuada.

Luego avanzó por la sala en penumbras, botella en mano, y se dejó caer en el sillón reclinable, retiró la tapa de la botella y bebió un largo sorbo. Después sostuvo en alto la botella e imaginó un brindis por los ausentes.

Brindo por Sally, quien viste de negro,
siempre luce bien, nunca mira atrás.
Y cuando Sally besa, besa tan dulce,
hace que se levante lo que nunca tuvo pies.

Como todos los brindis, éste era anticuado y de humor un poco escabroso. Larry lo hubiera aprobado.

—Dios te bendiga —murmuró Mickey.

No se dio cuenta cuando lo venció el sueño allí sentado. La débil luz se rindió a la noche. La botella de whisky descansaba en su regazo. No había diminutas criaturas que corrieran en las duelas de madera porque no había tales. En cualquier caso, la administración había hecho un buen trabajo de fumigación.

—Despierta, niño.

—Estoy despierto.

—Pruébamelo. Abre los ojos.

No fue sino hasta ese momento que Mickey se dio cuenta de que sus ojos estaban cerrados. Un débil resplandor brillaba al otro lado de sus párpados. Al abrirlos, Mickey vio que el resplandor provenía del televisor que le había regalado a su padre en Navidad. ¿Quién lo había encendido?

Comenzó a incorporarse y la botella de whisky rodó hasta el suelo y dio un golpe; sin embargo, Mickey no le prestó atención porque el televisor actuaba de manera extraña. La pantalla estaba llena de nieve gris, pero eso no era lo extraño en sí mismo dado que él había cancelado el servicio de televisión por cable el día anterior.

Lo extraño era que la difusa nieve contenía leves siluetas. Mickey se inclinó para verla más de cerca y pudo distinguir la figura de una cabeza; después, de dos manos.

—No la apagues.

No podía decir si la silueta de la cabeza tenía el rostro de

Larry pero, en definitiva, se trataba de la voz de su padre, lo cual debió provocar que Mickey saltara hacia atrás, alarmado. Por el contrario, se sentía aliviado porque ello probaba que sólo se trataba de un sueño.

—Estás en el televisor —dijo Mickey en voz alta.

Si señalaba la cualidad absurda del sueño, rompería el hechizo y despertaría.

—No estoy en el televisor. No digas locuras. Estoy en el limbo. Ellos me han permitido hablar contigo.

—¿Ellos?

—La gente de Dios.

—¿Puedes verla?

—No exactamente. Es complicado. Sólo escucha.

Mickey dudó. Su mirada descendió hasta la alfombra, donde vio gotear la botella de whisky. Podía percibir el olor del alcohol y eso estaba mal. De una cosa estaba seguro: no podía oler en sus sueños.

—Voy a apagar esta cosa —murmuró.

Mickey oprimió el botón de encendido en el control remoto pero la neblina gris no desapareció o, mejor dicho, las vagas figuras visibles en su interior. Las manos se hicieron más claras al oprimirse contra la pantalla desde adentro.

—Quiero ayudarte.

—No necesito tu ayuda —dijo Mickey y oprimió varias veces el botón de encendido.

—Olvídate del televisor. Es sólo una manera de comunicarme contigo. Tú no crees en los fenómenos psíquicos; por eso consideré que así era más conveniente.

Mickey sacudió la cabeza.

—Tú no puedes ser mi padre. En primera, ese asunto del limbo es pura basura. En segunda…

Las manos se convirtieron en puños y comenzaron a golpear la pantalla.

—Cállate. No me refiero al limbo del cual habla la Iglesia. Es más como un camino a casa. No es ni aquí ni allá, ¿comprendes?

—No. ¿Cómo podría comprender eso?

Un aspecto de esa aparición era convincente: Larry siempre había sido impaciente y la voz también lo era; de hecho, comenzó a hablar en tono más alto.

—No lo eches a perder, niño. Deja de ser un cretino y escúchame.

—De acuerdo, de acuerdo —Mickey tomó asiento de nuevo en el sillón reclinable—. Te escucho.

—Aquí es diferente.

—Apuesto a que sí.

—Tú no lo entiendes. No puedes. En un momento estoy sentado en ese sillón, donde ahora estás tú, y al siguiente toda la habitación comienza a desaparecer. Las paredes se desvanecen y yo empiezo a ascender hacia el techo.

—Tuviste un ataque cardiaco. ¿No lo sentiste?

—El dolor es borrado de tu memoria.

—Excepto cuando no es así —comentó Mickey, dudoso.

—No me interrumpas. Comencé a subir, cada vez más arriba, hasta que pude mirar hacia abajo y vi toda la Tierra y a toda la gente en ella. Vi a todo el mundo desde el lado de la luz del día y también desde el lado de la oscuridad de la noche. Vi todas las edades, todas las razas. Fue increíble. No puedes imaginarlo.

—¿No fuiste hacia la luz? —preguntó Mickey.

—No. De hecho, me pregunté al respecto. Floté cada vez más lejos en el espacio mientras la Tierra se hacía más y más pequeña. Me imaginé que me acercaba a Dios.

—¿Dios en el espacio exterior? —inquirió Mickey.

La voz ignoró lo anterior pues su emoción iba en aumento.

—Miré en todas direcciones pero nada. No había Dios ni ángeles. Después, la escuché. ¿Puedes imaginarlo, niño? Escuché la voz de Dios.

—¿Qué dijo?

—No dijo nada. Reía.

—¿De qué se reía? ¿De ti?

—No. No se reía de nadie. Su risa estaba en todas partes, llenaba el universo. Era gozo puro.

Ahora, la voz era extática, lo cual no era propio de Larry en absoluto. Eso provocó inquietud en Mickey. Le recordó aquella vez cuando vio llorar a su padre, el día en que su madre murió. De cualquier manera, ¿qué le importaba a Mickey si Dios reía? Los comediantes hacen reír a la gente y eso no significa que sean felices. La risa es un reflejo, como los estornudos.

La voz guardó silencio durante algunos minutos. Después, dijo:

—Todo el mundo debería escuchar ese sonido, niño, eso haría toda la diferencia.

Mickey lo dudó mucho pero no se atrevió a interrumpir de nuevo; no obstante, la voz sintió lo que él pensaba.

—No es una broma. Hasta que el mundo ría con Dios, nada cambiará.

—Nada cambiará de cualquier modo —dijo Mickey y se inclinó para recoger del suelo la botella de whisky. Consideró la idea de darle un buen trago pero después lo pensó mejor.

—Me da mucho gusto que estés bien, papá —dijo—, pero tengo que irme. Que disfrutes el limbo.

—No me crees.

—Lo que creo es que he dado un breve paseo por la locura. Me voy a casa a dormir un poco. Ésta ha sido una semana difícil.

—No para mí.

—Felicitaciones.

—Ésta no es una buena manera de despedirnos, hijo. Necesitas escucharme. Puedo mostrarte lo que debes hacer y después tú la escucharás también.

—Si a Dios le gusta reír, he aquí un chiste para él —dijo Mickey—: Un sujeto muere y va al infierno. El Diablo lo lleva a dar un paseo y se encuentran con un anciano de noventa años de edad sentado en la banca de un parque. El anciano besuquea a una preciosa chica de diecinueve años.

"El sujeto le dice al Diablo: '¿Qué sucede? Esto no es el infierno'.

"El Diablo responde: 'Lo es para ella'."

—Ja, ja.

La voz sonó desganada pero a Mickey no le importó. No podía imaginarse la risa de Dios a menos que Él se riera del horrible desorden que los seres humanos han causado en la Tierra; en cuyo caso, se trataría de una risa cruel. En cuanto al Diablo, él podría sonreír mucho y, por cierto, por buenas razones.

De pronto, Mickey sintió tristeza en su pecho.

—Estoy decepcionado de ti, Larry. Tú no solías darme sermones. Cometiste muchos errores pero siempre te reconocí una cosa: nunca fuiste hipócrita.

—Puedo compensar todo eso, niño.

—Demasiado tarde.

Mickey ya estaba en la puerta. La borrosa pantalla gris se tornó negra y la habitación se sumergió en la penumbra. Su mano dudó sólo un segundo en el pomo de la puerta. La voz le había advertido que no lo arruinara todo. ¿Y si ya lo había hecho?

2

A la mañana siguiente, Salario saltó sobre la cama y comenzó a lamer el rostro de Mickey. Salario era una doberman miniatura. La ex esposa de Mickey, Dolores, la había llamado Daisy pero, después de que Mickey hubo ganado a la perra en el proceso de divorcio, la renombró Salario. De esa manera, cuando la gente preguntara si el perro era macho o hembra, él podía responder: "El Salario es una porquería". De cualquier modo, quizá Dolores ya no estaba pero la doberman aún lo adoraba.

La perrita comenzó a gemir con los ojos fijos en el rostro de Mickey para exigir su paseo matutino. ¿O acaso era que sentía algo distinto en él?

—No te preocupes, nena —susurró Mickey en su oído—. Nada está mal, te lo prometo.

Salario correteaba alrededor de él y empujaba su mano con la nariz. Era del tipo nervioso.

Pocos minutos después, Mickey estaba apoyado en el mostrador de la cocina y hablaba por teléfono.

—Deshazte de todo lo que está en el departamento de mi padre. Dónalo. No quiero nada de eso.

Alicia, su agente, se encontraba al otro extremo de la línea.

—¿Qué hago con las fotografías y los objetos familiares?

—Decídelo tú. Confío en tu criterio —dijo Mickey y bebió un sorbo de su exprés—. ¿Sabes? He pensado que nunca cuento chistes de Dios en mi acto.

—¿Quieres comenzar ahora? —Alicia sonaba dudosa—. ¿Qué sucede contigo?

—Nada —el temor de la noche anterior había desaparecido. Sin importar el tipo de alucinación que Mickey había vivido, fue temporal. No obstante, hubiera sido agradable hablar de verdad con Larry una última vez.

—Descansa un poco —sugirió Alicia—. Tómate unos días libres. Yo puedo encargarme de los depredadores.

—Gracias.

Salario rascaba la puerta para salir. Un costado de la casa, aquel que quedaba frente al océano, estaba constituido por ventanales franceses. Mickey le colocó la correa a Salario y ambos salieron a la playa. Salario ladró con frenesí a las olas como si éstas fueran ladrones escurridizos que pretendieran robarse la arena.

—Eres una lunática —dijo Mickey con indulgencia. Por lo regular lo animaba el pasatiempo de contemplar a Salario atacar las olas, pero hoy se sentía sombrío e inquieto. No podía olvidar lo que le había dicho la voz de Larry, y no porque nada de aquello tuviera sentido.

Como casi toda la gente que conocía, Mickey era alérgico a Dios. ¿Qué beneficio podía producir la creencia en una deidad que no hacía nada para evitar el genocidio, el sida o la hambruna infantil? O Dios no existía o era una entidad a la cual era preciso evitar. Eso le recordó a Mickey un viejo chiste.

Un ateo nada en el océano cuando ve la aleta de un enorme tiburón blanco. En su desesperación, el hombre grita: "¡Dios, sálvame!"

De pronto, todo se congela, los cielos se abren y una voz dice: "¿Por qué debería salvarte? Tú no crees en mí".

El ateo tiene una idea: "Tal vez puedas hacer que el tiburón crea en ti".

"Muy bien."

Los cielos se cierran de nuevo y de pronto el tiburón se dirige hacia el ateo. De manera abrupta, el tiburón se detiene, junta las aletas y comienza a rezar. El ateo se sorprende.

"Funcionó. Este tiburón cree en Dios."

Justo en ese momento, el hombre escucha que el tiburón murmura: "Oh, Dios, haznos dignos de los alimentos que vamos a recibir".

En ese momento, Mickey notó que un extraño se aproximaba a él. No era un corredor ni un nadador ni un pescador, tipos que por lo regular uno se encuentra en la playa. El extraño caminaba despacio y en línea recta hacia Mickey. Con el sol de la mañana a sus espaldas, el sujeto era sólo una silueta. Cuando estuvo más cerca, Mickey pudo distinguir que se trataba de un hombre alto y de piel olivácea, quizá de treinta y tantos años de edad, de barba puntiaguda, vestido con pantalones color caqui y una camisa azul.

El hombre se detuvo justo frente a Mickey.

—Tú tienes algo para mí —le dijo.

Mickey, sorprendido, respondió:

—No lo creo.

—Por lo regular tengo razón en estas cosas —dijo el hombre—. Revisa tus bolsillos.

Su presencia física era intimidante. Mickey pensó que era semejante a un conquistador español sin armadura; no obstante, su voz era tranquilizante.

—¿Qué podría haber en mis bolsillos? —preguntó Mickey.

—Una pista.

El conquistador esperó. Era claro que no había manera de deshacerse de él, así que Mickey buscó en los bolsillos de sus pantalones para correr y extrajo un pedazo de papel doblado.

—¿Quieres que lo lea para ti? —preguntó el conquistador.

—No, yo puedo hacerlo.

Al desdoblar el papel, el cual tenía algo escrito en uno de los lados, Mickey dijo:

—¿Te importaría decirme tu nombre?

—Francisco. Ya conozco el tuyo. ¿Qué dice la nota?

El hecho de que un perfecto extraño lo reconociera no era sorprendente para Mickey, de manera que leyó lo que decía el pedazo de papel.

Digo muchas mentiras pero siempre me creen.
Si sucede lo peor, yo me sentiré muy aliviado.
El día en que naciste, yo envenené tu corazón.
Aún estaré allí el día de tu partida.

El ominoso acertijo estaba escrito en letras cursivas diminutas y precisas. Francisco asintió como si ésa fuera la clave que esperaba.

—Ahora ya sabemos dónde comenzar —comentó.

—¿Comenzar qué? —preguntó Mickey.

33

—El proceso —respondió Francisco con cierta satisfacción—. Has sido elegido. No es que se te note al verte. Está bien. Casi nunca se nota.

Mickey sacudió la cabeza.

—Yo no quiero ser elegido.

—¿Por qué no?

"Porque me gusta mi vida tal como es", quiso decir Mickey pero no estaba seguro de que eso fuera verdad; así que, en cambio, explicó:

—Mi padre acaba de morir. No estoy en la mejor disposición para enfrentarme a esto.

—¿Te refieres a Larry? —preguntó Francisco—. ¿Quién crees que envió la nota?

Mickey sintió que su boca se secaba.

—¿Cómo es que conoces a Larry?

—Eso no importa. Has recibido una pista. Eso es muy, muy inusual. Deberías sentirte agradecido —Francisco inmovilizó a Mickey con una mirada—. No te desmayes —le ordenó—. Respira profundo y despacio, varias veces.

Mickey hizo lo que Francisco le indicaba. Cuando estuvo seguro de que no se desmayaría, dijo:

—¿Me llevarás lejos, a algún lugar?

Su ansiedad hizo reír al extraño.

—No, nada de eso. Primero responderemos el acertijo. Después veremos adónde nos lleva.

—No tengo una respuesta —dijo Mickey.

—Estás demasiado nervioso como para pensar con claridad —acotó Francisco—. ¿Quién no lo estaría?

Entonces tomó el pedazo de papel de manos de Mickey y

lo estudió durante un momento. Después extrajo un lápiz de su bolsillo y escribió una palabra. Cuando le regresó la nota a Mickey, la palabra resultó ser *temor*.

—¿Es ésa la respuesta? —preguntó Mickey.

Francisco asintió.

—Coincide con cada frase.

El extraño recitó el acertijo, esta vez con la respuesta en su sitio.

> El temor *dice muchas mentiras pero siempre le creen.*
> *Si sucede lo peor, el* temor *se sentirá muy aliviado.*
> *El día que naciste, el* temor *envenenó tu corazón.*
> *El* temor *estará allí el día de tu partida.*

—No te desanimes —dijo Francisco—. Vamos a hacerte valiente.

—No quiero serlo —replicó Mickey, y en ese instante se arrepintió de haberle permitido al extraño darle el papel.

—Tienes que darle una oportunidad al proceso.

—¿Por qué? Para ser franco, lo que me pone más nervioso eres tú —confesó Mickey. En ese momento sintió un empujón en el tobillo y, al mirar hacia abajo, vio que Salario lo contemplaba—. Ella quiere volver a casa. Hasta pronto.

Francisco meneó la cabeza.

—¿Sabes a quién me recuerdas? A una persona que espera para entrar a consulta con el dentista. La mayoría de las personas en la sala de espera no lo demuestran pero tienen miedo. No obstante, cuando salen, son todas sonrisas. ¿Quieres salir sonriente?

—Ya soy el señor Sonrisas —dijo Mickey, quien sintió un dejo de culpa por rechazar la oferta del extraño sin miramientos—. Nadie es valiente por completo —agregó.

—Yo lo soy.

Esa declaración pudo sonar como un alarde vacío pero, al mirar los ojos de Francisco, Mickey estuvo a punto de creerle. Sus ojos eran tan serenos como las estrellas y reflejaban una calma total. Francisco consideró ese momento de duda como una apertura.

—Sólo inténtalo —lo persuadió.

¿Qué podía decir Mickey? En realidad no podía escapar porque sólo probaría el punto del extraño que se refería al temor. Alicia le había dicho que se tomara unos días libres, así que bien podía entrar al juego.

—Lo primero —explicó Francisco— es que el temor es mentiroso, tal como dice el acertijo.

Para Mickey resultaba un poco difícil escucharlo porque estaban parados a un costado de la autopista que corría a lo largo de la playa. Seis carriles de autos y camiones rugían junto a ellos.

—¿Por qué estamos aquí? —preguntó Mickey.

En lugar de responder, Francisco retrucó:

—¿Qué ocurriría si caminaras hacia la autopista ahora mismo?

—Me matarían.

—¿Lo ves? Ésa es una mentira. Inténtalo.

—¿Estás loco?

Francisco meneó la cabeza.

—Baja de la acera. Estás a salvo. Éste es un carril para detenerse.

Dos autos estaban estacionados frente a ellos, con un espacio lo bastante amplio entre sí como para poder pasar.

Mickey bajó de la acera pero se sintió inquieto.

—¿Adónde llegaremos con esto?

—No hagas preguntas. Camina.

Mickey se aproximó al borde de la corriente del tránsito y se detuvo en el límite de los autos estacionados.

—Continúa —lo urgió Francisco—. Rodea el auto hasta la portezuela delantera como si fueras a abrirla —Mickey hizo lo que se le indicaba—. Ahora, voltea hacia el tránsito y camina hacia él.

"Este tipo está loco", pensó Mickey.

—Nunca serás valiente hasta que lo intentes —aseguró Francisco.

"Qué más da." Mickey esperó hasta ver un espacio en el tránsito y después dio un paso hacia el camino. Mientras se animaba a dar otro paso, escuchó el sonido ensordecedor de una bocina. De la nada surgió una camioneta que se aproximaba hacia él. Al instante, Mickey dio un salto hacia atrás y la camioneta pasó a su lado a gran velocidad. El conductor lo miró con rabia al pasar.

Mickey regresó de prisa a la acera.

—¿Qué se supone que querías probar con eso?

—Eso prueba que no podrías haberte matado. Saltaste hacia atrás justo a tiempo. ¿Por qué? Porque tu cuerpo actúa por instinto. Cuando hay peligro, tu cuerpo se mueve para escapar.

El corazón de Mickey bombeaba acelerado gracias a la peligrosa experiencia y le resultaba difícil escuchar lo que el extraño le decía.

—De cualquier modo, pude morir —insistió.

—No; es tu temor el que habla. Inténtalo de nuevo. Oblígate a caminar hacia el tránsito. No te atropellarán. Tu cuerpo no lo permitirá porque sabe cómo debe cuidarse.

Mickey estaba convencido de que no volvería a dar un paso hacia la autopista pero se imaginó en el límite de la corriente de autos y comprendió que Francisco tenía razón: el impulso de saltar hacia atrás sería imperativo e inevitable.

—Digamos que tienes razón —dijo—. No veo cómo se relaciona esto con el hecho de que el temor es mentiroso.

Francisco respondió:

—El temor te dice que no estás a salvo pero sí lo estás. Pensar que no estás a salvo es una ilusión. Si crees en una ilusión, compras una mentira —Francisco no le dio a Mickey la oportunidad de objetar—. Tú me dirás todas las razones por las cuales estoy equivocado —continuó—. En cambio, intenta pensar por qué podría tener razón.

Aquello era más difícil de lo que parecía. De pronto, la mente de Mickey se llenó con todas las cosas que más le preocupaban: el cáncer, el conductor borracho que invade su carril y lo golpea de frente, el criminal salvaje que dispara balas en las calles, el robo de su auto, la invasión de su casa. Mickey obligó a su mente a detenerse.

—¿Ves adónde vas? —preguntó Francisco—. Ahora imaginas cosas.

—No son tan imaginarias —respondió Mickey.

—Sí lo son. La táctica principal del temor es hacer que las ilusiones parezcan reales. Sin embargo, el dolor imaginario no es lo mismo que el dolor real. La muerte imaginada no es muerte real. Cuando te rindes al temor, puedes proyectarte al futuro o revivir el pasado. Aquí y ahora, estás a salvo. A pesar de que el temor intenta convencerte de que es real, lo que en verdad sucede es que pierdes contacto con el presente. El mundo se convierte en una enorme sala de espera del dentista donde toda la gente se anticipa a la siguiente causa de dolor.

—A veces el dentista sí lastima —observó Mickey.

—¿O sea que lo que quieres decir es que el temor ayuda a que duela menos? No lo creo. Si todo el mundo siente temor en la sala de espera pero sólo cinco por ciento siente dolor en el sillón del dentista, entonces el temor es inútil noventa y cinco por ciento del tiempo. El temor es terrible para predecir el futuro. De hecho, nada es tan poco confiable como el temor y, sin embargo, la gente confía en él una y otra vez —Francisco se dio cuenta de que había impresionado a Mickey—. Eso es bueno. Tu mente comienza a relajarse —le dijo.

—No lo sé —dijo Mickey, dudoso—. Aún queda ese cinco por ciento.

—Si el reportero del clima sólo acertara cinco por ciento de sus predicciones —planteó Francisco— perdería su empleo mañana mismo. Es momento de decirle adiós a tu temor. Vamos.

Ambos comenzaron a alejarse de la autopista. A poca distancia encontraron la construcción de un conjunto de condominios nuevos en la playa.

—Necesitamos algo de esa construcción —dijo Francisco. Después de un momento señaló el bolsillo de Mickey—. Lee la segunda frase del acertijo.

Mickey extrajo el pedazo de papel.

—Si sucede lo peor, yo me sentiré muy aliviado.

—Así funciona el temor —dijo Francisco—. Cada vez que uno de tus temores se hace realidad, tú le das crédito por haberte protegido hasta ese momento, lo cual sólo te motiva a invertir toda tu vida en anticipar el desastre.

Mickey se sentía más relajado en compañía del alto extraño mientras caminaban lado a lado y Salario trotaba delante de ellos. Aún sentía que participaba en un juego pero Francisco podía estar en lo correcto. Una parte de su mente, un pequeño fragmento, sentía como si comenzara a derribar sus barreras.

—¿Lo que quieres decirme es que nunca debo sentir temor? —preguntó Mickey—. Eso no es realista.

—¿No lo es? Tengo una historia para ti. Una mujer joven acude al médico para hacerse una revisión general. 'Me aterra el cáncer', dice ella. '¿Está usted seguro de que estoy bien?' El doctor responde: 'Por supuesto. Sus resultados son excelentes. Usted no tiene cáncer'.

"No obstante, la mujer está convencida de que sí lo tiene, así que pocas semanas después regresa con su médico. El doctor la examina de nuevo y le dice que no existe motivo alguno de preocupación pues ella no tiene cáncer.

"Así pasan los años. Cada determinados meses, la mujer acude al médico, segura de que tiene cáncer, y cada vez obtiene resultados negativos.

"Por fin cumple ochenta años de edad y, cuando acude a su siguiente revisión, el médico le dice:'Lo lamento muchísimo. Le tengo malas noticias. Usted tiene cáncer'.

"La mujer alza las manos y exclama:'¡Se lo dije!'"

No se trataba de una historia cómica pero Mickey esbozó una sonrisa cargada de ironía.

—¿Comprendes lo que quiero decirte? —preguntó Francisco—. El simple hecho de que sucediera algo malo no prueba que el temor fuera justificado. El temor nunca dejará de intentar convencerte, pero cuando tú decidas dejar de estar convencido, serás valiente.

Para entonces ya habían llegado a la construcción. Dado que era fin de semana no había nadie alrededor. Francisco se dirigió hacia un contenedor lleno de material de desperdicio y rebuscó en su interior. Después de un momento extrajo una larga tabla de madera.

—Aquí vamos —dijo, y la colocó en el suelo—. ¿Cuánto dirías que mide de ancho esta tabla? ¿Quince centímetros?

—Más o menos —calculó Mickey.

—¿Y de largo? ¿Dos metros y medio?

—Sí.

—Veamos cómo caminas sobre ella sin caerte.

Mickey caminó desde un extremo de la angosta tabla hasta el otro.

—¿Fácil? —preguntó Francisco; Mickey asintió—. ¿Estás seguro? Inténtalo de nuevo.

Mickey caminó de regreso. Francisco levantó la tabla y caminó hacia la primera construcción, localizó la escalera de emergencia y comenzó a ascender por ella.

—Sígueme.

Esta construcción en particular estaba casi terminada. Al llegar a la azotea, Francisco miró alrededor. Se encontraban cinco pisos arriba. El panorama sobre el océano llegaba hasta Santa Mónica, al sur, y Malibú, al norte. En lugar de contemplarlo, Francisco caminó hacia el límite de la azotea, donde había un espacio entre esa construcción y la siguiente, y bajó la tabla. Ésta apenas cruzaba el espacio entre las dos construcciones.

—Muy bien, camina de nuevo sobre la tabla —dijo.

Nervioso, Mickey se asomó a la caída de quince metros de altura.

—No puedo —admitió.

—Pero ya lo hiciste. Dos veces. Mientras estuvimos en el suelo no tuviste problema alguno.

—Esto es distinto.

—¿Por qué? —Francisco lo miró durante un instante—. Lo que te lo impide es el temor. En términos racionales, no deberías tener ningún problema para caminar sobre la misma tabla que ya te sostuvo antes, pero el temor te convence de que no puedes hacerlo. ¿Por qué le crees?

—Porque, si caigo, me romperé el cuello —dijo Mickey.

—El temor te impulsa a confundir lo que imaginas con lo que es real —explicó Francisco, quien, sin previo aviso, subió a la tabla. Después, al llegar a la mitad, giró en redondo—. Mi equilibrio no es mejor que el tuyo. Ahora, observa.

Francisco dio una rápida vuelta y después se balanceó con ligereza sobre la tabla, la cual se curvó y rechinó bajo su peso. El solo hecho de mirarlo provocó que Mickey casi sintiera náuseas a causa de la ansiedad.

—¡Detente! ¡Regresa! —gritó.

Francisco accedió. Cuando estuvo de regreso al lado de Mickey, lo miró de frente.

—Te dio miedo mirarme. ¿Acaso no es extraño? Tú no estuviste en peligro. Ni siquiera te acechaba un peligro imaginario.

—Tuve miedo por ti —respondió Mickey.

Parecía un argumento razonable pero Francisco meneó la cabeza.

—¿Ves cómo el temor se extiende por todas partes? Incluso se inmiscuye en situaciones que no tienen relación contigo. Cada espacio que invade se llena de peligro.

Ambos atravesaron la azotea y descendieron por la escalera de emergencia hasta llegar a tierra firme.

—Es suficiente por hoy —dijo Francisco—. ¿Debo buscarte de nuevo? Es tu decisión.

Mickey se puso en guardia.

—¿Qué sigue?

—Hoy coqueteamos con el temor. Mañana nos enfrentaremos en serio a él. Quizás agreguemos un toque de terror. ¿Qué tal suena eso?

—Horrible.

—Te diré lo que es horrible. Lee las últimas dos líneas de tu acertijo —dijo Francisco.

Mickey sacó el papel y leyó:

El día en que naciste, yo envenené tu corazón.
Aún estaré allí el día de tu partida.

Cuando Mickey terminó de leer, el desconocido dijo:

—Puedo hacerte una promesa: si no superas el proceso, sentirás temor hasta el día de tu muerte.

—¿De verdad?

—De verdad.

Al decir esto último, Francisco partió. Pronto, Mickey se dio cuenta de que había olvidado preguntarle cuál era la relación de todo ello con la risa de Dios. Estaba seguro de que debía existir una conexión en alguna parte. Larry no lo sabotearía. ¿Y si ya lo había hecho? Muerte significa nunca tener que decir "lo siento".

Podía escuchar las reprimendas de Alicia: "No robes material, Mickey. Eres mucho mejor que eso".

3

Mickey tuvo que admitir que Francisco era un sujeto notable. ¿Qué tenía? ¿Magnetismo, carisma? No obstante, una vez que el desconocido se hubo marchado, su encuentro se desvaneció pronto en su mente. Al día siguiente, todo el asunto le pareció una pérdida de tiempo. Su meta en la vida no era ser valiente, ¿por qué debía serlo?

Cuando Salario saltó sobre la cama para despertarlo, Mickey no la llevó a pasear. Había decidido evitar la playa en caso de que Francisco lo esperara allí.

El hombre se sintió inquieto durante toda la mañana. Hojeó algunas revistas pero eso no le tomó mucho tiempo; además, estaba demasiado tenso como para sentarse frente al televisor. Alrededor del mediodía sonó el teléfono. Mickey se sobresaltó a pesar de no tener ninguna razón para asustarse.

Era su hermana desde Atlanta.

—Sólo llamo para saber si necesitas algo —le dijo.

—¿Qué podría necesitar?

—No lo sé.

El nombre de su hermana era Janet y ella y Mickey no solían hablar a menudo. Cuando sus padres se divorciaron, hermano y hermana fueron separados. La mitad de la familia permaneció en Chicago y la otra mitad se mudó a Atlanta. Mickey, quien se quedó con su padre, no veía a Janet sino hasta que iba a visitar a su madre, lo cual ocurría durante sólo una semana cada verano. No le sorprendió que ella decidiera no asistir al funeral.

—Aún creo que él sufrió —dijo ella—. Dicen que nada duele como un infarto. Es como si te pasara un camión sobre el pecho.

—Hermana, no sigas.

—¿Estás seguro de que no sintió nada?

—No; sucedió *así* —Mickey tronó los dedos.

—Pero no podemos estar seguros, ¿o sí? —su voz se quebró—. Papá pudo haber quedado tirado en el suelo, solo y con mucho dolor. Pudo haber vivido un infierno.

—No nos hace ningún bien imaginar esas cosas.

—Supongo que tienes razón —Janet hizo una pausa para recuperar la compostura—. Desearía tener tu certeza —afirmó.

¿Qué significaba eso? La conversación le recordó a Mickey que ellos dos no se conocían muy bien. Cuando su carrera despegó, su hermana nunca le llamó para felicitarlo. Nunca utilizaba los boletos de cortesía que Mickey le enviaba cuando estaba de gira o cuando se estrenaba alguna de sus películas.

—¿Crees que soy gracioso? —preguntó él.

—¿Qué?

La pregunta había surgido de la nada. Mickey no sabía por qué la había formulado pero a Janet sólo le tomó algunos segundos ofrecer su respuesta.

—Crecí contigo —dijo ella—. Nunca contabas chistes. Nunca fuiste el payaso de la clase ni un bromista. El divorcio de nuestros padres te transformó.

—¿Eso significa que de pronto me convertí en un bromista?

—No te pongas a la defensiva, Mickey. Eso no es lo que quiero decir. Sólo cambiaste. Querías ser gracioso todo el tiempo y eso me pareció raro, eso es todo.

—¿De verdad? Así que, para ti, yo no soy gracioso. Soy un... ¿qué? ¿Un hermanito menor que se convirtió en un parlanchín?

—Ahora estás enojado —Mickey no lo negó—. Me hiciste una pregunta, Mickey. Sólo pensaba que no deberíamos estar tan alejados uno del otro —dijo Janet.

—Lo siento. Los últimos días han estado llenos de locura y tensión.

Janet aceptó la oferta de paz, murmuró que también lo lamentaba y colgó.

De pronto, la enorme y ventilada casa se sentía como una caja de zapatos. Mickey vagó hasta el porche que daba a la playa. En uno de los extremos, un hombre estaba sentado en uno de los blancos camastros que Mickey empleaba para asolearse. Era Francisco.

—Cosas como ésas comenzarán a ocurrirte con mayor frecuencia —comentó sin incorporarse.

—¿De qué hablas? —preguntó Mickey con tono cortante. Había obviado cualquier saludo amistoso.

—Una vez que el proceso se inicia, abres una puerta por donde se asoma lo inesperado.

—Al diablo con el proceso —exclamó Mickey con amargura.

Francisco no se sintió ofendido.

—Pobre Mickey —murmuró. Se tomó unos instantes más para disfrutar del brillante océano que se extendía frente a ellos y después se incorporó—. Necesitamos irnos en tu auto y tú tienes que llevar un chiste contigo. Ése no será un problema para ti, ¿verdad?

Aún agitado por la conversación con su hermana, Mickey decidió que no le molestaba tener compañía.

—De acuerdo —accedió.

Minutos más tarde, ambos recorrían la autopista de la costa. Francisco señaló Sunset Boulevard al aproximarse a la salida.

—Me parece bien ir adonde quieras llevarme —dijo Mickey— pero, sólo para que estés enterado, no soy lo que tú piensas.

—¿Y qué pienso?

—Que le tengo miedo a la vida. Que estoy preocupado. Que soy ansioso.

—De acuerdo.

—No me crees.

Francisco se encogió de hombros.

—Lo que yo crea no importa. Tomas lo que te he dicho a título personal. Todo el mundo nace en el temor y casi toda la gente permanece allí hasta que muere.

—¿Qué es lo que te hace especial?

—Cuando no vives en el temor, percibes la verdad. Se vuelve evidente.

—Si tú lo dices —murmuró Mickey, quien mantenía la mirada sobre el camino a medida que el bulevar describía amplias curvas a través de lujosos vecindarios.

Francisco no le indicó dar vuelta en ninguna esquina.

—¿Trajiste un chiste como te pedí? —preguntó.

—¿De qué tipo lo quieres?

—Un chiste de perros.

Mickey encogió los hombros.

—Un hombre entra a un bar con su perro y le dice al cantinero: 'Mi perro Fido puede hablar. Si me das un trago gratis, te lo demostraré'.

"El cantinero es curioso, de manera que le sirve un trago al hombre. '¿Puedes hablar de verdad?', le pregunta al perro. 'Desde luego, puedo hacerlo', responde el perro.

"El cantinero está tan impresionado que saca algo de dinero. 'Aquí tienes cinco dólares', le dice al perro. 'Ve al otro lado de la calle y habla con mi amigo Paddy.' El perro toma el dinero y se marcha.

"Varios minutos después, el dueño sale del bar y se encuentra con que su perro se aparea con otro junto a una alcantarilla. El dueño se sorprende.

"'¡Fido! —exclama—. ¡Nunca antes habías hecho eso!'

"'¡Nunca antes había tenido cinco dólares!' —responde el perro."

No era el mejor chiste pero, al ver que Francisco no reía, Mickey se sintió molesto.

—Me pagan mucho dinero por contar chistes —comentó.

Francisco lo interrumpió:

—Da la vuelta aquí —dijo, y señaló una casa a la izquierda.

—¿Conoces a estas personas? —preguntó Mickey.

—No —respondió Francisco con calma.

Mickey se sintió nervioso ante la perspectiva de meterse en la entrada de la casa de un extraño. Una vez que estacionó

49

el auto, Mickey siguió a Francisco. Éste no se dirigió hacia la puerta frontal sino que rodeó la casa por la parte trasera. Después de caminar algunos metros, Mickey pudo escuchar unos fuertes ladridos. Al dar vuelta en una esquina vio dos pastores alemanes que comenzaron a ladrar con mucha mayor ferocidad, se arrojaban hacia los dos extraños y tiraban de las cadenas que los sujetaban por el cuello.

—Esto es un error. Debemos marcharnos —dijo Mickey, alarmado.

Esperaba que los dueños de la casa salieran de ella en cualquier momento.

—Acércate más —ordenó Francisco.

—De ninguna manera.

Por lo regular no temía a los perros, pero estos dos eran grandes y peligrosos. Tenían los colmillos al descubierto y producían un ruido ensordecedor. Mickey podía sentir los latidos acelerados de su corazón.

Francisco le dio un tirón en la manga.

—Ellos quieren escuchar tu chiste de perros —le dijo, y lo jaló hasta colocarlo a treinta centímetros de distancia de los perros, los cuales enloquecieron—. Adelante.

—Un hombre entra a un bar… —comenzó Mickey. Apenas podía pronunciar las palabras. Uno de los perros comenzó a acumular espuma en una de las comisuras del hocico.

—¡Esto es una locura! —exclamó Mickey, se liberó de la mano que lo sujetaba y corrió alrededor de la casa hacia su auto.

Para su sorpresa, Francisco no intentó impedírselo y sólo lo siguió. A sus espaldas, los perros ladraban, furiosos.

—Pudiste calmarte en unos minutos —dijo Francisco.

—Lo dudo.

Ambos subieron al auto y regresaron a la autopista. Mickey no estaba dispuesto a escuchar nada hasta que no volvió al camino y estuvo a suficiente distancia de la casa.

—Lo hice para mostrarte que el hecho de pensar que no vives en el temor es ilusorio. El temor es tu compañero silencioso y se presenta cuando menos lo esperas —dijo Francisco.

—No necesito un estúpido acto heroico como ése —gruñó Mickey—. Esos perros son asesinos. Cualquiera hubiera sentido miedo.

—¿Sus dueños? ¿Sienten miedo?

—Ellos no cuentan.

—No has captado la idea. La gente se acostumbra al temor y confunde este hecho con superarlo. Los dueños están acostumbrados a sus perros, pero si un día salieran y se encontraran con un par de cocodrilos, sus sentimientos cambiarían de inmediato —explicó Francisco.

Mickey aún estaba agitado.

—Tienes razón. No capto la idea porque, por alguna sorprendente razón, no tengo cocodrilos sorpresa a mi alrededor.

—Deja de resistirte. Lo que intento es que vuelvas tu mirada hacia tu interior —dijo Francisco—. Incluso aunque no lo notes, el temor te tiene sujeto entre sus garras. Cada vez que lo desee puede saltar sobre ti y tú serás incapaz de defenderte.

Mickey continuó con sus cavilaciones pero en cierto nivel comenzaba a digerir la información. Era cierto que el desconocido creía en lo que decía y, bajo sus términos, tenía sentido. Tal vez era momento de liberarse un poco.

—Sólo muéstrame adónde conduce todo esto —propuso Mickey.

—Imagina que tu peor enemigo llega a tu casa —comenzó Francisco—, toma asiento en la sala y, sin importar lo que hagas, no se marcha de allí. Día tras día se niega a partir. ¿Qué haces tú? Comienzas a ignorarlo. Finges que no está allí.

—Llamaría a la policía —señaló Mickey.

—Deja de luchar contra mí —advirtió Francisco.

—De acuerdo, de acuerdo.

—Tu casa no es tu hogar si cualquier enemigo vive en ella. No importa si lo cubres con una pieza de tela o si decides redecorar el lugar por completo. Hasta que no encuentres la manera de hacer que tu enemigo salga de allí, nunca te sentirás seguro —Francisco llegó a su conclusión con tono casual y después continuó con las siguientes palabras—: El mundo es tu hogar y es seguro. Dios lo creó así pero el temor logró colarse. Gran problema. Nadie puede sentirse seguro.

—Amén a eso —murmuró Mickey.

—Mientras vivas en el temor, el mundo es una amenaza. Si eso no te importa, de acuerdo; pero si vives de esa manera nunca conocerás el gozo de tu propia alma —explicó Francisco.

Mickey hizo un gesto de disgusto.

—¿Siempre eres tan optimista? Yo no me siento tan entusiasmado.

Francisco emitió una risita.

—¿Crees que debería ser menos solemne?

—No me haría daño.

A través de la ventanilla, Francisco contempló el perfecto

cielo azul. Al ver que su acompañante permanecía en silencio, Mickey se sintió liberado. Tenía que absorber demasiada información y sentía un poco de náusea y debilidad.

El día en que naciste, yo envenené tu corazón.

Qué deprimente. Parecía que había pasado un mes desde que se había encontrado con el fantasma de Larry, o lo que sea que haya sido, en el monitor de televisión. Y Dios no reía, al menos no de manera que Mickey pudiera escucharlo.

Sin embargo, Janet tenía razón. Después del divorcio de sus padres, él se había convertido en un bromista pero ella no comprendía por qué. Mickey no se había sentido triste ni solo. Sólo quería ser feliz y se había dado cuenta, a los quince años de edad, de que nadie más podría hacer eso por él. Escuchar la risa de otras personas era un placer puro y el único consuelo que él podía proporcionarse a sí mismo.

—¿Quieres escuchar un chiste acerca del fin del mundo? —preguntó Mickey. Francisco volvió la cabeza.

—Claro.

—Una ancianita llega a un restaurante y ordena una ensalada. Después le dice al mesero: 'Quisiera un helado'.

"'Lamento decírselo, señora', responde el mesero, 'pero el mundo llegará a su fin en cinco minutos.'

"La ancianita reflexiona durante un segundo y después dice: 'En ese caso, póngale mucha crema batida'."

—Ahora una dosis de terror abyecto —anunció Francisco a Mickey—. Será muy intenso. No vayas a quebrarte.

Esta advertencia habría sido más creíble si los dos hombres hubieran estado en cualquier otro lugar.

—¿Aquí? —preguntó Mickey—. Ésta es una juguetería.

—Sólo espera.

Francisco daba vueltas como si esperara encontrar algo. Después de un minuto encontró lo que buscaba: una madre y una niñita como de tres años de edad. La madre se inclinaba para mostrarle a su hija una muñeca empacada en una caja de color rosa. Nada podía ser más inocente.

Entonces sonó el teléfono celular de la madre. Ella lo sacó de su bolso y respondió la llamada.

—¿Hola? ¿Qué? Se está cortando la llamada —parecía frustrada y comenzó a alejarse.

—Aquí es cuando sucede —dijo Francisco en voz baja.

La pequeña, absorta en la muñeca, no se dio cuenta de que su madre se había alejado. Ahora la madre estaba fuera de su vista, a la vuelta de una esquina, y la pequeña aún no se percataba. Pasaron treinta segundos antes de que levantara la vista. Su barbilla comenzó a temblar.

Mickey supo lo que ocurriría. Al no ver a su madre, la niñita la buscó durante un momento y después comenzó a llorar. La muñeca quedó olvidada. La pequeña comenzó a correr; por desgracia, en la dirección equivocada.

Mickey hizo un gesto involuntario de dolor. Los sentimientos de la niña eran evidentes pero él no podía hacer nada. Sólo la asustaría más si corría a su encuentro. Justo en ese momento reapareció la madre por la esquina.

—Está bien. Mamá ha vuelto —la mujer tomó en brazos

a la niñita y la meció—. No me marché, tontita. No necesitas sentir miedo.

No obstante, cualquiera podía ver que la pequeña aún estaba paralizada de miedo y no dejaba de gritar ni de sollozar. La madre pareció avergonzarse y se marchó.

—Terror abyecto —dijo Francisco—. Nunca me acostumbro a esto.

—No quiero sonar como un cretino insensible —dijo Mickey—, pero…

—Pero cosas como ésta suceden todos los días. Lo sé. Para ti fue sólo un momento pero ella nunca lo olvidará —Francisco se volvió y quedó frente a Mickey—. Tú también tienes recuerdos semejantes.

—Supongo que sí.

—¿Puedes ver lo importante que es?

Antes de que Mickey pudiera responder, el tono de voz de Francisco se suavizó. Una de sus manos se apoyó en su hombro.

—No se trata de quién tiene miedo y quién no. El temor es una de las capas más fuertes de la ilusión. Es como un banco de niebla en el interior de cada persona; pero, si pudieras perforar la niebla, verías que hay algo increíble del otro lado. Algo que ni siquiera puedes imaginar.

De pronto, Mickey concibió una idea.

—¿Es eso lo que vio mi padre? ¿Era eso lo que intentaba explicarme?

—¿Te amaba tu padre? —inquirió Francisco. Mickey se sintió consternado ante la pregunta.

—Supongo que sí. No estoy seguro.

—Él te ama de manera absoluta en este momento.

Francisco sonaba muy seguro. ¿Cómo lo sabía?

—¿Habla mi padre contigo ahora? —preguntó Mickey—. Él sabía de psíquicos que se comunican con los muertos. Veía esos programas de televisión por cable a altas horas de la noche cuando buscaba algún programa interesante.

Francisco dudó.

—Me haces la pregunta equivocada —le dijo—. Decir que hay gente que habla con los muertos es asumir el principio de que *están* muertos. No lo están. La muerte es vida en otra frecuencia. La música no termina sólo porque una persona no pueda escucharla —el desconocido se dio cuenta de que Mickey no estaba satisfecho—. Todo lo que desees saber se aclarará —continuó—. Permite que el proceso se desarrolle. Si te lo dijera por adelantado, sabrías la verdad pero no te apropiarías de ella. Yo quiero que te pertenezca.

Sin esperar la respuesta de Mickey, Francisco se dirigió hacia la puerta pero luego hizo una pausa.

—¿Pudiste sentir el terror de la niñita? —preguntó.

—Supongo que sí.

—Creo que todo el mundo puede sentirlo. Tú fuiste testigo de un momento que esa pequeña nunca olvidará. Ella sólo crecerá y lo esconderá de su vista.

Mickey sintió un estremecimiento.

—¿Qué dijimos acerca de ser menos solemnes?

Ambos hombres caminaron hacia el estacionamiento hasta encontrar el auto de Mickey. Francisco se recargó en la portezuela del pasajero y miró hacia el suelo. Con voz muy baja, dijo:

—Sé que esto es difícil para ti. El terror de esa niñita te hizo sentir el tuyo.

—¡Por Dios, ya suelta el tema! —Mickey miró los insondables ojos de Francisco—. No importa —murmuró, y se sentó en el asiento del conductor.

Una vez que regresaron a la autopista de la costa, Mickey comenzó a calmarse. Pensó en Larry y en la posibilidad de que su padre lo amara más de lo que hubiera podido demostrarle. Un recuerdo acudió a su mente.

Cuando tenía doce años de edad, Mickey fue enviado lejos de casa a un campamento de verano. Ya había estado antes en un campamento y estaba ansioso por encontrar aquello que tanto le fascinara el verano anterior: fogatas, historias de fantasmas, carreras en canoas en el campamento de las niñas a través del lago. No obstante, el autobús no se dirigió hacia el norte, donde estaban los lagos, sino hacia el sur.

Cuando Mickey bajó del autobús, lo primero que vio fue a un hombre gigantesco con vestimenta militar que ordenaba a gritos a los chicos que formaran una fila al descender del vehículo. En el cuello de toro de aquel hombre pudo ver las venas en relieve y su rostro era purpúreo. Las piernas de Mickey temblaron de terror. Nadie le dijo que sería enviado a un nuevo campamento aquel verano. El padre de Mickey nunca había explicado el motivo por el cual sintió que tenía que enviar a su hijo a ese sitio.

Como todos los niños, Mickey se adaptó. Aprendió a afeitarse la cabeza e hizo amistades en las barracas. También aprendió a tender su cama a la perfección y a no quejarse por los rudos ejercicios de acondicionamiento físico al amanecer.

Para su sorpresa, cuando el autobús lo trajo de regreso a casa, Mickey no estaba enojado: se sentía orgulloso de haberse vuelto más fuerte y le agradaba que su padre hubiera querido que se convirtiera en un hombre.

No obstante, nunca pudo responder a esta pregunta: ¿por qué su padre había querido asustarlo tanto?

¿Intentaba Larry compensarlo por ello ahora?

—Ninguna deuda en el universo queda pendiente —dijo Francisco. Tal parecía que le resultaba sencillo sintonizarse con los pensamientos de Mickey—. Eso incluye las deudas buenas —agregó con una sonrisa.

Mickey se sacudió de encima el recuerdo de aquel campamento militar para niños y miró a Francisco.

—Te contaré el último chiste que hizo reír a mi padre. Un abogado de Wall Street está desesperado por una promoción. Trabaja muchísimo pero nadie en el bufete reconoce sus esfuerzos. Cierta noche no puede soportarlo más e invoca al Diablo.

"'De acuerdo. Puedo arreglar que te nombren socio', le dice el Diablo, 'pero a cambio quiero el alma de tu esposa, de tus hijos, de tus nietos y de todos tus amigos'. El abogado reflexiona durante un segundo y pregunta: '¿Cuál es la cláusula oculta?'"

Un gesto divertido apareció en la expresión de Francisco y de pronto pareció compasivo.

—Muchos de tus chistes se refieren a cosas que podrían causarte temor si no te rieras de ellas —señaló.

Mickey deseó que el hombre sólo riera y no intentara encontrarle un significado a todo. Francisco se percató de ello.

—Tú crees que soy macabro. No lo soy —le dijo—. Sólo te guío para salir de la oscuridad donde te encontré.

Mickey esperaba alguna frase conciliatoria y ésta no lo era.

—¿A qué te refieres con oscuridad?

—El lugar donde te sientes perdido y solo.

El rostro de Mickey se contrajo debido a una reacción nerviosa.

—¿Aún me encuentro en ese sitio? —preguntó.

Francisco asintió.

4

Cualquiera que fuera el proceso, lo cierto es que no era tranquilizante. Mickey no había estado en casa más de dos horas y ya sentía que quería salirse de su propia piel. Caminó de un lado al otro y después tomó el teléfono y marcó un número.

Un tono. Dos. Tres.

Llamaba a su ex esposa, Dolores. Cuando ella tomara la llamada, le diría: "Creo que Larry me cuida. No estoy borracho ni trastornado ni nada. Sólo tengo esa sensación y quería que alguien lo supiera".

Al quinto tono se activó la contestadora telefónica. Mickey dejó su mensaje. No era que ella reaccionara bien a sus palabras pero sí era la única persona a quien Mickey conocía que no le diría a la gente que él había perdido la razón. Dolores tenía sus dificultades con él pero la deslealtad no era una de ellas.

¿Y ahora, qué?

Toda la charla acerca del temor le había provocado inquietud y no podía sacudírsela de encima. No tenía apetito. Su piel estaba fría. El hecho de estar a solas no le ayudaba.

Mickey buscó las llaves de su auto. Un momento más tarde se encontraba en la cochera e intentaba decidir entre el Escalade y su viejo Porsche color crema de dos plazas con interiores de cuero rojo. Fue el primer lujo que se permitió una vez que estuvo seguro de que su éxito no era un espejismo. Eligió el Porsche y lo sacó en reversa de la cochera.

Había un lugar en el mundo al que podía ir. Un lugar en el que era rey y el miedo no existía.

Varias cabezas se volvieron cuando Mickey entró a un deteriorado bar en North Hollywood. El anuncio de Miller Light sobre la ventana tenía treinta años de existencia y ello era notorio. Una bola de espejos de discoteca colgaba abandonada sobre una pista de baile vacía.

Mickey no había avanzado dos pasos desde la puerta cuando el dueño del sitio corrió a su encuentro.

—Mickey, ¿eres tú? No puedo creerlo.

—Hola, Sol. ¿Todavía haces la noche de aficionados?

—Claro, desde luego. Todos los viernes. ¿Recuerdas aquello? Deben haber pasado quince años.

Sol era un actor de relleno que solía tener mucho trabajo en los días de antaño, cuando las películas eran películas.

—Mira este rostro —solía decir—. Puedo representar italianos, judíos, indios, lo que tú quieras. En cierta ocasión tuve un segundo llamado para interpretar a Jerónimo. Es la nariz. La cámara adora mi nariz.

—¿Recuerdas mi primer chiste? —preguntó Mickey, y señaló el anuncio de cerveza y recitó—: ¿Sabes por qué los vampiros vienen a este bar? Porque pueden entrar a cualquier hora y pedir un *bloody Mary*.

Sol sacudió la cabeza y rió.

—Sí. Te fue horrible esa noche.

Pero no por mucho tiempo. Mickey tenía diecinueve años

en aquel entonces; tenía una carrera trunca y vestía desastrosos pantalones de mezclilla y una camiseta de Grateful Dead. No era un experto pero sí sabía, desde el fondo de su corazón, que podía ser gracioso. Un anuncio en un periódico local decía que habría noche de aficionados en un bar de North Hollywood. Resultó que dicho anuncio atrajo a un sinnúmero de comediantes malísimos, y a Mickey.

Ahora miró alrededor. Casi una tercera parte de las mesas estaban ocupadas.

—¿Qué tal si hago medio espectáculo? —preguntó Mickey. El rostro de Sol mostró desencanto.

—No es viernes, Mickey. El lugar está desierto. Debiste decirme antes.

Hasta ese momento Sol se dio cuenta de que uno de los cómicos más exitosos en la industria estaba en su establecimiento y le gritó al cantinero que le sirviera a Mickey todo lo que quisiera; después, desapareció. Un minuto más tarde apareció de nuevo con un micrófono y una base. Mickey los tomó y caminó hasta el extremo del salón. Cuando le dio unos golpecitos al micrófono, todos los clientes voltearon a verlo y emitieron exclamaciones tardías de sorpresa.

—Amigos, esto es por Sol, con quien comencé.

Mientras Mickey presentaba su espectáculo, la gente utilizaba su teléfono celular para llamar a sus amistades y para tomar fotografías. Mickey llevaba apenas seis chistes cuando nuevos rostros comenzaron a aparecer entre el público. Después de media hora, el lugar estaba saturado de gente. Todos reían como locos. Lo adoraban.

Mickey sabía que sólo estaba allí como distracción pero al

menos funcionaba. Se sentía muy emocionado; los chistes rápidos brotaban de su boca uno tras otro y sin esfuerzo. Incluso estuvo a punto de convertir a los dos orangutanes gigantes de guardia en parte de su acto pero prefirió hablar de religión.

—Acabo de regresar del Medio Oeste. ¿Hay algún luterano aquí esta noche?

Una mano se alzó al fondo de la sala.

—De acuerdo. Hablaré más despacio.

La gente reía tanto que Mickey pensó que podría decir los chistes en urdu y nadie se hubiera enterado.

—Mi abuelo es el hombre más religioso que conozco. Dice que si Dios hubiera querido que el ser humano volara, nos habría dado los boletos.

Ese chiste databa de su época en preparatoria. Mickey podía evocarlos de un pasado tan remoto como le venía en gana. Su mente le dictaba los chistes breves a tal velocidad que apenas podía seguirle el paso.

—La gente dice que Dios no escucha pero es que Él no tiene correo electrónico. Todos conocemos la regla de oro: los que tienen el oro hacen las reglas. El problema con los fundamentalistas es que noventa y nueve por ciento de ellos le hacen mala reputación al resto.

Aquello tenía que terminar en un momento u otro. Mickey quería finalizar con un chiste que hiciera que todos exclamaran "aahhh": un chiste cálido y tierno.

—Asistí a una escuela católica cuando era niño. Cierto día, yo estaba formado en la fila para el almuerzo y había una pila de manzanas. La monja a cargo movió un dedo en el aire: 'Sólo tomen una. Dios observa'.

"Así que tomé una manzana y la fila avanzó. En la siguiente mesa había una pila de galletas con chispas de chocolate. No supe qué hacer.

"'Pssst', el chico detrás de mí susurró en mi oído. 'Toma todas las que quieras. Dios está observando las manzanas'."

Mickey obtuvo su "aahhh" y un largo aplauso.

Cuando descendió del escenario, Sol corrió de nuevo a su encuentro y lo abrazó con lágrimas de hombre viejo en los ojos. Después tomaron asiento en el bar mientras la multitud hacía fila para pedirle autógrafos a Mickey. Nadie quería marcharse sin invitarle un trago.

Francisco era el pensamiento más alejado de su mente.

Pudo haber sido una noche perfecta excepto porque, cuando se aproximó a su auto, Mickey encontró una boleta de multa sujeta entre el parabrisas y el limpiador. No podía creerlo y en seguida se puso furioso. ¿Qué especie de policía idiota dejaba multas después de la medianoche?

Sin embargo, cuando se inclinó para tomar la boleta del parabrisas, vio que, después de todo, no se trataba de una multa. Era una hoja de papel blanco, doblada. Mickey se estremeció al abrirla.

Yo guardo tu secreto, tú pagas mi precio.
Sabes que, si no lo haces, dejaré de ser amable.
La protección vale la pena, ¿no es así?
La vida es vacía cuando no obtienes lo que quieres.

¿Quién soy?

Mickey arrugó la hoja de papel y la arrojó a las sombras. Se sentía enfermo. Francisco lo observaba y era obvio que la intención del segundo acertijo era irritarlo. ¿Por qué otro motivo sugeriría un chantaje?

Mickey perdió el sueño, obsesionado como estaba con el acertijo. Aún estaba en la cama a las diez de la siguiente mañana cuando Dolores le devolvió la llamada telefónica.

—¿Estás seguro de que te encuentras bien? Me dejaste un mensaje muy extraño —le dijo.

—Ya me conoces. Siempre estoy bien —dijo Mickey. Ella rió.

—Sí, te conozco. Por eso te llamé.

Éste no fue un comentario desagradable. Dolores se sintió atraída hacia él al instante desde que se conocieron por primera vez. Él casi era famoso entonces, lo cual le daba cierto aplomo entre las mujeres hermosas. Antes de eso, una mujer alta, graciosa y morena como ella hubiera sido demasiado para él. A Dolores le encantó su osadía durante la etapa del cortejo y durante mucho tiempo después.

—¿Qué te hace pensar que Larry te cuida desde el cielo? —preguntó ella.

—No lo sé —respondió Mickey, evasivo—. Mi estado de ánimo era extraño. Tal vez fue por la forma en que murió, solo, sin nadie alrededor.

Dolores se enteró de la muerte de su padre pero ahora vivía en Connecticut. No había podido asistir al funeral debido a lo repentino de la noticia.

—Mickey, no quisiera iniciar una larga discusión contigo

—le dijo—, pero tú no crees en la vida después de la muerte. Tú no vas a la iglesia. Tú eres el prototipo de la gente que cree que "la vida apesta y después te mueres". Si ahora crees que Larry te cuida, algo ha ocurrido.

—No en realidad.

—¿De verdad?

—De acuerdo, de acuerdo —Mickey respiró hondo—. Creo que Larry acudió a mí después de morir. Tenía un mensaje para mí.

—¿En serio?

—Tú crees que estoy loco.

—Tal vez.

Dolores dijo esto último en tono neutro, como si la situación pudiera desarrollarse en un sentido o en otro. Ella siempre había sido razonable al extremo.

—¿Cuál fue el mensaje?

—Dios ríe.

Pausa. Mickey no tenía idea de qué tenía ella en la mente.

—¿Qué significa eso? —preguntó Dolores.

—Significa que todo está bien. Larry quiere que la raza humana sepa que nos preocupamos demasiado.

—Eso es muy lindo pero, ¿desde cuándo la muerte nos hace inteligentes de repente?

¿Era razonable Dolores o sólo intentaba ser graciosa? Mickey quería olvidarse de todo el asunto; no obstante, ahora lo había compartido con alguien más y ya no podía detenerse.

—Larry en verdad me impactó —explicó—. Quiero decir, Dios siempre ha sido un sujeto temible. Me di cuenta de eso

66

cuando apenas era un niño. Tal vez Él no creó todas las cosas terribles del mundo pero no levanta un solo dedo para impedirlas.

—Yo no lo veo así —dijo Dolores—. Y no es que tú me lo hayas preguntado.

Lo cual era cierto. Nunca se le había ocurrido a Mickey que Dolores tuviera algún interés en Dios; no más que él mismo.

—¿Cómo lo ves tú? —preguntó.

—No quieres saber.

—Sí quiero. En realidad intento decirte que he reflexionado acerca de algunas cosas —algo en su tono, un rasgo de honestidad, una rara demostración de vulnerabilidad, invitó a Dolores a continuar—. Yo creo que el mundo tuvo la oportunidad de ser perfecto pero entonces nosotros lo arruinamos. Ahora vivimos en las ruinas de todos nuestros errores anteriores. La basura se ha acumulado tanto que no podemos ver por encima de ella. Cometimos el crimen y ahora pagamos la condena.

Mickey quedó consternado al escuchar esto.

—No tenía idea de que fueras tan depresiva —le dijo.

—No lo soy. Soy realista. No he creído en Adán y Eva desde que tenía dieciséis años de edad y para nada culpo al Diablo. Pero ése no es el punto, ¿o sí? Un mundo caído ya hubiera tocado fondo. Nosotros aún caemos. Sin embargo, por alguna razón todavía creo que quizá tengamos una oportunidad.

—¿De verdad lo crees?

Mickey pudo sentir la duda de ella al otro extremo de la línea.

—Mickey, no me siento cómoda al hablar de este tema contigo.

—¿Por qué no?

—¿De verdad quieres saberlo?

—Por supuesto.

Dolores sonó muy seria ahora.

—Tú eres un comediante y los comediantes tienden a ser crueles. Cualquier cosa es buena para hacer reír. Nunca sé cuándo podrías lastimarme, de manera que hace mucho tiempo decidí guardar para mí los temas privados.

Mickey quiso recordarle los idílicos años que habían vivido juntos, aunque fueran pocos. Sin embargo, antes de abrir la boca, su mente le reveló a Dolores mientras escribía en su diario y lo cerraba en cuanto él llegaba. En su mente, Dolores donaba mil dólares a los orfanatos de la Madre Teresa en la India y él le decía que desperdiciaba su dinero; Dolores hablaba de la cábala y veía la expresión de su rostro cuando él hacía bromas al respecto frente a sus amigos.

—No sabía que te sentías así —dijo él, con voz muy baja.

—Todo ha quedado atrás, Mickey. Está bien —el tono de Dolores se había suavizado—. Tal parece que te has formulado algunas preguntas difíciles. Incluso es probable que te encuentres en un proceso de transformación, Mickey.

Conversaron durante algunos minutos más. Después de que Dolores colgó, Mickey se reclinó en su asiento. Pudo haberse sumergido en una depresión aún más profunda en ese mismo momento y lugar pero sonó el timbre de la puerta. Mickey saltó para ver quién era, agradecido por la distracción. Al abrir la puerta se encontró con Francisco en el umbral.

—Pareces trastornado —señaló Francisco y entró sin ser invitado.

—Mi ex —murmuró Mickey.

—Ella siempre vio quién eras. Eso era bueno, sólo que tú nunca la viste de la misma forma —Francisco sonaba casual y no esperó reacción alguna—. ¿Tienes el segundo acertijo?

—Me deshice de él. Me molestaba.

Francisco se encogió de hombros.

—Traje una copia. ¿Así que te ofendió?

—Sentí como si fuera una especie de extorsión. ¿De qué otra manera podría sentirlo?

—Ésa es decisión tuya por completo.

Francisco extrajo un pedazo de papel de sus pantalones estilo militar. Siempre usaba la misma vestimenta: pantalones color caqui y una camisa azul de trabajo. Lo hacía lucir austero; tal como luciría un monje si se quitara la túnica.

El recién llegado leyó en voz alta:

Yo guardo tu secreto, tú pagas mi precio.
Sabes que, si no lo haces, dejaré de ser amable.

Francisco levantó la vista.

—Tu secreto es que piensas que no eres nada, que no eres nadie.

Después continuó con la lectura:

La protección vale la pena, ¿no es así?
La vida es vacía cuando no obtienes lo que quieres.

¿Quién soy?

—La protección no es dinero de extorsión en este caso —explicó Francisco—; son tus defensas, las murallas detrás de las cuales vives.

—No me siento muy protegido en este momento —gruñó Mickey.

Aún no olvidaba lo que Dolores le había dicho y ahora Francisco había vuelto.

El hombre alto dobló de nuevo el acertijo y se lo entregó a Mickey.

—Escribí la respuesta al reverso, en caso de que te interese.

Mickey giró el trozo de papel y leyó una simple palabra: "Ego".

—No entiendo —dijo—, pero, antes de que expliques nada, vayámonos de aquí.

—Bien. Hay un lugar adonde quiero llevarte de cualquier manera —respondió Francisco.

Mickey no fingió que aquélla era una buena noticia pero tomó la delantera para dirigirse a la cochera. En un minuto se encontraban a bordo del Escalade y se dirigían hacia la autopista de la costa.

—El acertijo de ayer se refería al temor y el de hoy es sobre el ego —dijo Francisco—. Pregúntate, ¿por qué la gente elige sentir miedo? El temor provoca que el mundo sea temible e inseguro. Si sólo es una ilusión, ¿por qué aferrarse a ella?

—No lo sé.

Francisco tocó el bolsillo de la camisa donde Mickey había guardado el pedazo de papel.

—Ego. Tu ego te hace creer que tienes el control, que

obtendrás lo que deseas. Después de un tiempo, tu temor es expulsado de tu mente. Después de todo, tienes una autoimagen por proteger. Necesitas que otras personas crean en ti. Hay dinero, nivel social, posesiones y una familia por adquirir. Siempre que el ego sostenga la zanahoria frente a ti y cree un drama constante, tú nunca tendrás que enfrentarte a lo que yace debajo de la superficie.

—No todo el mundo tiene un gran ego —protestó Mickey, pues asumió que Francisco se refería a él. Éste meneó la cabeza.

—No importa si tu ego está inflado o no. Necesitamos una demostración. Hacia allá nos dirigimos.

No hubo mucho más por decir en los siguientes kilómetros. Francisco le pidió a Mickey que tomara la salida hacia Santa Mónica, donde se estacionaron en un lote municipal. Después lo condujo hacia un pasaje comercial para peatones.

—De acuerdo —dijo Francisco—. Quiero que te acerques a la gente y le cuentes un chiste. Ésa es tu especialidad, así que no debe ser demasiado difícil para ti.

—¿Eso es todo? —preguntó Mickey, dudoso.

—Eso es todo.

Mickey no ofreció resistencia. Vio a una mujer de treinta y tantos años que portaba unos costosos lentes de sol. Ella miraba los escaparates y parecía accesible. Mickey caminó hacia ella.

—Disculpe —le dijo—, cuento chistes gratuitos el día de hoy para animar a la gente. ¿Quiere escuchar uno?

La mujer estaba un tanto sorprendida pero respondió que sí.

Mickey permitió que su mente eligiera un chiste al azar.

—Un hombre acude al médico para un examen del recto. El doctor dice: "¡Qué extraño! Tiene usted una fresa en el trasero, pero no se preocupe: yo le pondré la crema".

La mujer de los lentes de sol hizo un gesto de desagrado.

—¡Qué vulgaridad! —exclamó y comenzó a alejarse.

—¡Espere! —gritó Mickey, pero ella ya le había dado la espalda y ahora cruzaba la calle a paso veloz. Él quedó abatido. Ése era un chiste horroroso. ¿Por qué se lo había contado?

A unos seis metros de distancia, Francisco asintió para animarlo.

—Encuentra a alguien más —le indicó.

Mickey miró alrededor. Una pareja de ancianos caminaba hacia él. Parecían personas de trato fácil, así que se aproximó a ellos.

—Me gustaría contarles un chiste —les dijo.

Los ancianos mostraron cierta inquietud.

—¿Estamos en la televisión? —preguntó ella y miró hacia todas partes.

—No, ¿por qué?

—Sabemos quién es usted. Usted es famoso —dijo el hombre—. ¿Por qué habla con nosotros?

De pronto, Mickey se sintió seguro.

—Está bien, amigos. Sólo sentí el antojo de contarles un chiste —explicó—. Y será un placer firmarles un autógrafo después.

La mujer sonreía ahora al sentirse tranquilizada.

—Es un buen trato —dijo, y comenzó a buscar en su bolso una pluma y una hoja de papel.

—Grandioso. Éste es para ustedes —dijo Mickey—: ¿Qué obtenemos si cruzamos a un ratón con un león? Un ratón con el cual nadie se mete.

La pareja había sonreído con anticipación pero sus sonrisas dieron lugar a una tímida decepción.

—¡Esperen! —se apresuró a decir Mickey—. Ésa fue sólo una prueba.

La pareja parecía esperanzada de nuevo. Mickey sintió sudor en sus axilas mientras revisaba su índice mental de chistes.

—¿Qué es rojo y no está allí? Los tomates que no compré.

"¿Por qué quiere suicidarse el brasier de una despechugada? Porque su vida es muy vacía.

"¿Qué le dijo la almeja al camarón? 'Nos vemos en el coctel.' "

¿De dónde provenía toda esa basura?

—Sólo esperen un poco —dijo Mickey, y obligó a su mente a pensar—. ¿Por qué el hombre de la Luna se cortó el cabello? Porque la eclipsaba.

"¿Qué le dijo la Luna al Sol? Tan grandote y no te dejan salir de noche."

Mickey estaba consternado. De pronto, vio que la mujer le extendía una pluma y una hoja de papel.

—No importa —dijo ella—. Sólo su autógrafo es suficiente.

—No, no —exclamó Mickey—. Ya lo tengo; es un chiste muy bueno —se sintió muy aliviado; sin importar lo que su mente le había hecho, ya había retomado el camino correcto—. ¿Qué es grande y amarillo y yace de espaldas? Un autobús escolar muerto.

El hombre comenzaba a irritarse.

—Usted tiene un micrófono oculto en alguna parte e intenta hacernos quedar como tontos —lo acusó.

Mickey sintió pánico.

—No es así —dijo.

—Ya he visto esos programas —interrumpió el hombre—. Muchas gracias. No estamos interesados.

El hombre tomó a su esposa por el brazo y se la llevó. Ella lo miró por última vez por encima del hombro. Mickey pudo leer la lástima en sus ojos.

Francisco se aproximó a él.

—¿Cómo se sintió eso? —preguntó.

Mickey giró hacia él, furioso.

—Espantoso. ¿Cómo crees que se sintió? Tú me hiciste eso, ¿no es cierto?

Francisco le mostró las palmas de sus manos con gesto inocente.

—Yo sólo me quedé parado allí.

Mickey deseaba insultarlo pero se sentía sumergido en una ola de humillación.

—Siento que me muero —se quejó—. Esto es un desastre.

Todo su estilo de vida dependía de su ingenio. Mickey cerró los ojos e intentó estabilizarse. Conocía con precisión el sitio en su mente adonde tenía que acudir para obtener su material.

—¿Por qué llora el cerdito? Porque su mamá es una puerca. ¿Qué le dijo un ataúd nuevo a uno usado? Tienes muy mal aliento. Oh, Dios mío.

Mickey se sentía enfermo.

—Tranquilízate —indicó Francisco.

Mickey lo miró. Francisco no parecía burlarse ni disfrutar a expensas de él. Mickey realizó un par de respiraciones profundas hasta que la sensación de estar atrapado dentro de una pesadilla comenzó a desvanecerse.

—¿Qué intentabas enseñarme? —preguntó.

—Tu ego sólo se siente bien cuando estás encendido. Cuando funcionas bien, te sientes vivo. Quise que sintieras lo que es estar apagado.

—No quiero estar apagado —protestó Mickey.

—Lo sé. Lo dice el acertijo —Francisco recitó las dos últimas frases—:

La protección vale la pena, ¿no es así?
La vida es vacía cuando no obtienes lo que quieres.

—El ego te tiene atrapado en un círculo vicioso —le explicó—. Te alimenta con lo que quieres y te mantiene en movimiento de un deseo al siguiente. Pero el juego del ego es como una lancha perforada: sólo flotarás si avanzas más rápido que lo que tarda la lancha en hundirse. Así sucede desde el nacimiento hasta la muerte. Todos los días hay un objetivo nuevo por perseguir. En tu caso, la gran motivación es la aprobación. Mientras más obtienes, más quieres. Tu idea del éxito es un flujo infinito del agrado que otras personas sienten por ti.

—¿Y eso qué?

—Que ni lo permita Dios que dejes de jugar el juego del ego. ¿Qué sucedería entonces? Que te sentirías aterrorizado.

En el silencio de tu mente, los engranes dejarían de correr. Una voz se elevaría desde la oscuridad y susurraría en tu oído: "A nadie le importa quién eres. No eres nada".

—Tal vez yo no sea nada —dijo Mickey a manera de lamento—. Tú me viste hace un momento.

—Ésa es tu verdad ahora —dijo Francisco—, pero existe otra verdad. Una mejor.

—Te escucho.

—No es cierto que no seas nada. De hecho, lo eres todo. En sentido literal. Si pudieras dejar de estar encendido todo el tiempo, tu ser se expandiría hasta llenar el universo entero. Sé que suena increíble. ¿Estás dispuesto a otra demostración?

Mickey asintió. Ambos salieron del pasaje comercial para peatones y, después de un momento, Mickey comentó:

—Le dije a mi ex esposa que he comenzado a hacerme algunas preguntas.

—¿Te creyó?

—Me parece que piensa que aún tengo mucho trabajo por hacer.

—No esperes que nadie más vea lo que sucede en tu interior —le advirtió Francisco—. Este proceso es privado; sin embargo, sucede de la misma manera cada vez.

—¿Y cómo es eso?

—Cuando el dolor de ser el mismo se hace más intenso que el dolor de ser distinto, tú cambias.

Francisco sonrió y, por un instante fugaz, Mickey vio un rostro detrás del rostro del extraño: Larry. Su padre aún lo cuidaba. Todavía no estaba en el cielo. "Ellos" le permitían conectarse con su hijo un poco más de tiempo.

Minutos más tarde, el rastro de Larry había desaparecido. Francisco lo conducía al estacionamiento y hasta su auto. Mickey tomó asiento detrás del volante.

—¿Adónde vamos ahora? —preguntó.

—Necesitamos una tienda especializada que venda ropa para mujer.

—¿Por qué no lo dijiste antes? —dijo Mickey—. Hay tiendas para mujeres en cada esquina.

Francisco meneó la cabeza.

—No que tengan mi talla.

Mickey dejó de hacer preguntas, giró la llave de encendido y el gran Cadillac volvió a la vida con un rugido del motor.

5

Mickey tenía una vaga idea de dónde podría haber una tienda de ropa para mujeres de tallas grandes, pero no estaba concentrado en ello.

—¿Alguna vez volveré a estar encendido? —preguntó.

—Ya veremos —respondió Francisco—. En este momento estás de vacaciones de ser Mickey Fellows.

—Pero así es como me gano la vida —dijo Mickey intentando no revelar su pánico.

—Sí, pero ése es sólo el papel que has aceptado representar. Está bien siempre y cuando te des cuenta de que lo que haces es sólo representar un papel. El verdadero tú no tiene nada que ver con los papeles.

El auto estaba detenido en un semáforo en rojo, en una bulliciosa esquina del bulevar de Santa Mónica. Francisco señaló a media docena de peatones que aguardaban en la esquina.

—Esas personas están tan atrapadas en sus papeles como tú.

Con un movimiento de cabeza señaló a un adolescente que esperaba el cambio de semáforo con una patineta bajo el brazo; junto a él había un hombre de mediana edad que vestía un traje de negocios color gris.

—Ese chico piensa que es un rebelde. A sus ojos, el hombre de negocios es un hipócrita. No obstante, si lo vemos desde la perspectiva del hombre de negocios, el chico es un perezoso irresponsable que se niega a crecer. Todo eso es lo que dice el ego. El ego quiere sentirse superior. En realidad, esas dos personas son iguales.

La señal verde para los peatones se encendió en el semáforo; entonces, la gente bajó de la acera y caminó frente al auto de Mickey.

—Quiero que veas a esas personas como iguales —dijo Francisco—. Eso lo cambiaría todo —después se volvió hacia Mickey—. No me crees.

—Yo sólo veo un montón de desconocidos. Es probable que no tengan nada en común.

—Todas son almas —dijo Francisco—. Para mí, eso es lo único importante. Eres una persona que se pregunta si tiene un alma o eres un alma que sabe que ser una persona no es real.

Mickey miró al adolescente saltar sobre su patineta. Vio las miradas de desaprobación dirigidas hacia el chico cuando se aproximaba demasiado a otras personas sobre su patineta. El patinador se mantuvo indiferente, perdido en su propio mundo. Antes de llegar a la acera opuesta de la calle, el chico describió una cerrada curva e invadió un carril de tránsito. Varios bocinazos lo reprendieron antes de que retomara el rumbo y saltara sobre la acera.

—Las bocinas de esos autos no se dirigen a un alma —señaló Mickey.

—Dices eso porque estás inmerso en un juego de papeles, lo cual hace feliz al ego. Has invertido demasiado en tu autoimagen. De hecho, lo has invertido todo.

La luz del semáforo cambió a verde y Mickey hizo avanzar el Escalade.

—Yo no quiero ser igual a todos los demás —dijo—. Tú le llamas ego; yo le llamo ser yo mismo. ¿Cuál es el problema?

Por un momento, Francisco no explicó nada pues concentraba su atención en los centros comerciales y las tiendas que se alineaban a ambos costados de la calle.

—Ahí hay una tienda de conveniencia. Estacionémonos —indicó.

—Pensé que querías una tienda de vestidos —dijo Mickey, pero giró hacia una entrada en la acera.

—Esto es más importante ahora —dijo Francisco al bajar del auto.

Después condujo a Mickey hacia la puerta de la tienda de conveniencia.

—Lo que quiero que hagas es que te quedes aquí —le dijo—. Ábrele la puerta a cualquier persona que entre o salga. Llama su atención y, cuando te vea, extiende la mano para pedirle unas monedas.

—¿Qué? —Mickey no pudo imaginar una actividad que deseara menos hacer.

—Tú crees que serás humillado de nuevo —dijo Francisco—. Intenta no asumir nada. Ya regreso.

Francisco dio media vuelta, se marchó y dejó a Mickey en su tribulación. Los clientes entraban y salían de la tienda en una corriente constante, así que no tuvo tiempo de debatir el asunto consigo mismo. Una anciana negra se aproximaba a la tienda. Mickey se apresuró a anticipársele a la puerta y después la mantuvo abierta para que ella pasara. Su sonrisa era nerviosa. La mujer asintió y le lanzó una rápida mirada pero nada más. Su falta de reacción fue un alivio para Mickey.

Medio minuto después, dos muchachos, que bien podrían asistir a la universidad, estaban a punto de salir de la tienda. Cuando Mickey les abrió la puerta, ellos le ofrecieron una sonrisa altanera y se marcharon sin mirar atrás. Un mensajero estacionó su camioneta en doble fila y corrió hacia la tienda. Mickey lo vio comprar un *hot dog* y una Coca-Cola mientras mantenía los ojos fijos en su camioneta. Después se apresuró a volver a ella sin mirar a Mickey más de una vez.

Apenas habían pasado unos cinco minutos y Mickey comenzaba a tranquilizarse. Aún no lograba reunir el valor para extender la mano y pedir monedas. Mantener la puerta abierta no era otra cosa que una cortesía improvisada, un tanto extraña quizá pero nada parecida a la incomodidad de pedir limosna.

"¿Vas a hacer esto o no?", se preguntó a sí mismo.

Una mujer, mejor vestida que el resto, se aproximaba al tiempo que hablaba por su teléfono celular. Al abrir la puerta, Mickey extendió la mano. Ella lo miró.

—Consiga un trabajo.

El hecho de que ella interrumpiera su llamada para decirle esto y el tono despectivo de su voz hicieron que Mickey se ruborizara. Estuvo a punto de huir pero pronto llegaron dos personas más. Mickey abrió la puerta y extendió la mano. La pareja estalló en carcajadas y pasó frente a él. Por un momento, el otro hombre creyó reconocerlo y ése sería el fin: se habían encontrado con un famoso comediante que realizaba alguna especie de acto para atraer publicidad o algo así. No obstante, un minuto después, al salir, el hombre le entregó una moneda.

—Usted no parece necesitar esto —le dijo—. Sólo espero que no sea para comprar drogas.

El hombre le dirigió una mirada llena de seriedad y después la pareja se alejó. De pronto, Mickey se dio cuenta: ni una sola persona lo había reconocido; por tanto, Francisco podía tener razón. Era como tomar vacaciones de ser Mickey Fellows. La idea se asentó en su interior mientras abría la puerta. La gente iba y venía. Unas cuantas personas eran hostiles y la mayoría eran indiferentes. Mickey recibió siete monedas más de diferentes denominaciones. Nadie supo quién era él.

Mickey comenzó a sentir que la extraña experiencia era liberadora. Después de media hora dejó de importarle la reacción de los clientes y se convirtió en un observador imparcial, un testigo del desfile que pasaba frente a sus ojos. Era una experiencia novedosa. Incluso le divirtió el hecho de que alguna persona bajara la mirada hacia sus zapatos italianos confeccionados a mano, que costaban una fortuna, y que pareciera intrigada ante la escena de un limosnero con zapatos de diseñador. Un anciano negro con abundantes canas lo miró con resentimiento, como si le hubiera robado el empleo. Una mujer que se apeó de un Lexus lo miró de arriba abajo como si pudiera ser candidato a novio.

—En el mundo pero no parte de él.

Mickey se volvió al escuchar la voz de Francisco.

—Creo que tienes razón —le dijo—. Soy un vagabundo.

A nadie le importa quién soy. ¿Era eso lo que querías que sintiera?

—Algo así.

Antes de regresar a la puerta y abrirla para una dama que salía con su perro salchicha, Mickey notó que Francisco llevaba una bolsa de compras.

—Lindo perro —dijo—. ¿Tiene alguna moneda?

—¡Qué repugnante! —exclamó la dama con el ceño fruncido.

Mickey sonrió a Francisco.

—¿No es genial? Incluso cuando me insultan, yo no siento nada.

—La diversión ha terminado. Vayamos a almorzar.

Cuando regresaron al auto, Francisco arrojó su bolsa de compras al asiento trasero. Una vez que Mickey hubo ocupado su lugar tras el volante, le preguntó:

—¿Cuánto tiempo pasó antes de que dejaras de sentirte humillado?

—No mucho. Unos quince minutos —respondió Mickey.

—Felicitaciones.

Francisco parecía muy complacido. De hecho, ambos estaban de muy buen humor.

Durante dos días, Mickey se había sentido manipulado. Un desconocido se le había impuesto como un ser mágico y misterioso. Mickey había formado parte del mundo del espectáculo durante demasiado tiempo como para creer en la magia y eso mismo lo condujo a rechazar también el misterio. No obstante y sin quererlo, ambas cosas habían vuelto a su vida.

Mickey conducía el auto mientras reflexionaba al respecto.

—La primera vez que te acercaste a mí en la playa —dijo— no tenías una gran opinión sobre mi persona, ¿cierto?

—Vi cierto potencial —respondió Francisco.

—Eso no responde mi pregunta.

—Tú eras sólo una persona para mí —explicó el extraño.

—Así que, según tu esquema de las cosas, yo no era nadie —Mickey se sorprendió al estallar en carcajadas—. He invertido toda mi vida en ser alguien.

—¿Te sentiste un "alguien" allá atrás? —preguntó Francisco.

—No. Estaba de vacaciones, tal como tú dijiste. Y me gustó. Eso es lo que no puedo comprender.

—Lo que sucede es que has comenzado a ver a través de las trampas de tu ego. Es muy relajante liberarte de las exigencias constantes de "yo, mí y lo mío". Puedes respirar con más facilidad —explicó Francisco.

—¿Así que el gran secreto es ser "nadie" todo el tiempo? —preguntó Mickey.

—No es tan simple. Los "nadie" también tienen ego. El suyo está aplastado; el tuyo está alborotado.

Mickey pudo sentirse ofendido pero, en cambio, esbozó una amplia sonrisa.

—Me siento afortunado de que tú me compongas.

Mickey tuvo la sensación de que ese comentario no le había sentado bien a Francisco, quien guardó silencio y sólo miraba a través de la ventanilla del copiloto. Todo lo que dijo fue:

—Cuéntame un chiste.

—No puedo —dijo Mickey—. Tú le has hecho algo a mi cerebro.

—De todos modos, inténtalo.

Renuente, Mickey acudió al lugar en su interior donde obtenía su material, mismo que le pareció vacío y extraño esta vez. No obstante, se le ocurrió un chiste.

—Un maligno hechicero captura a una hermosa princesa y la encierra en su torre. Ella le suplica que la libere y el hechicero dice: 'Permitiré que un caballero te salve pero con una condición'. En seguida señala un trapo inmundo que su perro utilizaba como cama. 'Debes confeccionarte un vestido con ese trapo y usarlo noche y día.'

"La princesa accede. Cada día, un caballero distinto con brillante armadura acude a su torre pero, al verla, todos deciden marcharse.

"La princesa se siente desolada. '¿Qué hay de malo en mí?', le pregunta al hechicero. '¿No soy hermosa?'

"'No es eso', dice el hechicero. 'Los caballeros no rescatarán a una damisela con ese vestido.' No es bueno" —dijo Mickey.

¿Por qué ya no se sentía enfadado? Una hora atrás, la perspectiva de estar apagado le causaba aguda ansiedad. Ahora, era casi un alivio.

—¿Qué me sucede? —preguntó.

—Estás en el umbral —respondió Francisco—. Detrás de ti se encuentra el mundo que conoces, un mundo que se esconde del temor y que obedece los deseos del ego. Frente a ti está lo desconocido. La pregunta es: ¿cruzarás la puerta?

—¿Conoces tú la respuesta? —preguntó Mickey.

85

—Sí.

—Dímela.

—No puedo. Pero sí puedo permitir que te asomes más allá del umbral. Estaciona el auto en cualquier parte —indicó Francisco.

Mickey estacionó el auto en una calle lateral flanqueada por chalés y palmeras. Si se encontraba en un viaje espiritual, y parecía indudable que así era, implicaba mucho conducir y estacionarse.

Francisco enfocó el espejo retrovisor hacia Mickey.

—Mírate —le dijo—. Quiero que veas lo que hay en el espejo. No asumas que ya lo sabes.

—Pero ya lo sé —replicó Mickey.

—No; hay alguien a quien todavía no conoces. Él está al otro lado del umbral.

Mickey se miró al espejo y Francisco continuó:

—Mira a una persona que no es graciosa ni rica ni famosa. Olvida que sabes su nombre.

—No funciona —dijo Mickey.

—Concéntrate en sus ojos.

El espejo retrovisor era lo bastante estrecho como para permitir que Mickey sólo contemplara sus ojos si se acercaba a él lo suficiente. Él nunca les había prestado demasiada atención. Las mujeres le decían que eran grandes y, siempre que actuaba, sentía que se encendían en el escenario.

Ahora no estaban encendidos. Los ojos que le devolvían la mirada eran inexpresivos, como trozos de mármol azul grisáceo. Mickey los entrecerró y luego intentó hacerlos brillar, divertidos. Nada cambió. Luego los abrió e intentó expresar sorpresa. Después los movió hacia un lado para hacerlos parecer traviesos. Resultaba siniestro que, sin importar lo que hiciera, no había nadie en casa. Detrás de sus pupilas había un sitio vacío. La nada.

—Es suficiente —dijo Mickey al reclinarse de nuevo en su asiento.

—¿Qué viste? —preguntó Francisco.

—Nada. ¿Se supone que existe una respuesta correcta a esa pregunta? —dijo Mickey y de pronto se sintió nervioso.

—Tal vez "nada" sea la respuesta correcta. Ése podría ser otro nombre para lo desconocido. Yo creo que captaste la mirada fugaz de un extraño. No retrocedas ante ella. Él es la persona a quien debes conocer.

—¿Por qué? No me dijo nada. No me mostró nada.

Mickey se sintió resentido. La mañana había marchado bien. Se sentía cómodo con lo que había sucedido en la tienda de conveniencia pero el hecho de mirarse al espejo lo había arruinado de alguna manera. Si había conocido a la persona que debía conocer, seguro que lo había dejado con un sentimiento de vacío.

Sin previo aviso, su mente comenzó a funcionar.

—Espera —le dijo—. Un médico indio acaba de llegar a Estados Unidos y es invitado a una elegante fiesta de coctel con su esposa, quien no habla inglés. El anfitrión se acerca y les pregunta: '¿Tienen hijos?'

"'Oh, no', responde el médico, 'mi esposa es insoportable'. El anfitrión parece confuso. El médico indio se siente inquieto. 'Quiero decir que es inconcebible.'

"Ahora, el anfitrión está perplejo. Frustrado, el médico

indio exclama: '¿No me comprende? ¡Mi esposa es impenetrable!'"

Mickey rió con su propio chiste y, al mirar de reojo a Francisco, notó que él también reía.

—Mis vacaciones han terminado, ¿cierto?

Francisco asintió. Mickey estaba encendido de nuevo. ¿Debía sentirse agradecido por ello? En ese momento fue incapaz de decidirlo.

Cuando Francisco propuso que almorzaran, Mickey no imaginó que se refería al Hotel Bel-Air pero ahora estacionaba allí el auto, frente a amplias extensiones de costosos jardines y porteros vestidos con chaquetas cruzadas, también muy costosas.

—¿Estás seguro de esto? —preguntó Mickey.

Un valet uniformado se aproximaba al auto.

—Sí. Sólo permíteme hacer algo primero —dijo Francisco.

El valet abrió la portezuela del conductor y le entregó un boleto a Mickey. Al verlo, lo reconoció:

—Bienvenido, señor Fellows —murmuró con el tono gentil que la gente usa para dirigirse a una celebridad.

Sin previo aviso, al saludo siguió una ceja alzada. Mickey volteó la cabeza sobre un hombro.

Francisco había sacado la bolsa de compras del asiento trasero, la abrió y de ella extrajo una caja de zapatos. Ahora sostenía un par de zapatos de tacón en el aire. Eran enormes.

—No vas a ponerte eso —dijo Mickey.

—Sólo el derecho.

Con calma, como si el valet no lo observara con evidente desconcierto, Francisco se quitó la sandalia de playa que usaba en el pie derecho y la sustituyó por un zapato rojo de tacón.

—Ajustado —comentó—, pero bastante bien.

Después guardó el otro zapato en la caja.

La perplejidad de Mickey le impedía hablar. Francisco abrió su portezuela y salió del auto. Dio un paso y estuvo a punto de caer.

—Tendrás que ayudarme —dijo.

Mickey buscó su billetera, sacó un billete de veinte dólares y lo colocó en la mano del valet. Éste hizo un esfuerzo por reprimir un gesto de sorpresa.

—Sólo váyase —pidió Mickey.

Después de que el valet se llevó el auto, Mickey se aproximó a Francisco.

—No harás esto. Te ves ridículo.

Francisco se sujetó al brazo de Mickey y comenzó a caminar penosamente hacia la puerta frontal.

—¿Qué te importa? —preguntó—. Soy yo quien tiene que arreglárselas con un tacón de aguja. Deberías intentarlo algún día.

Resultaba claro que Francisco disfrutaba del momento. Mickey bajó la cabeza y evitó las miradas de los dos porteros frente a ellos. Al igual que el valet, ambos murmuraron:

—Es un placer verlo de nuevo, señor Fellows.

A paso cojo con su zapato de tacón, Francisco logró llegar al comedor, un suntuoso lugar lleno de cristal y tapices de seda.

—Una mesa al centro —solicitó al capitán, quien lanzó

una mirada de asombro a Mickey. Éste asintió con expresión sombría.

Segundos después fueron conducidos a una gran mesa que estaba a la vista de todo el salón. La imagen de un hombre alto con barba puntiaguda que cojeaba sobre un zapato rojo de tacón era difícil de ignorar. Se escucharon risitas.

Francisco hizo un gesto de dolor al tomar asiento.

—Esto sí que duele.

Entonces se quitó el zapato y lo colocó sobre una silla vacía a su lado. El zapato brillaba como una señal de alto. Las risitas aumentaron de volumen.

—La gente ríe —señaló—. Quizá debas agregar esta anécdota a tu acto.

—Hay risas buenas y risas malas —gruñó Mickey, quien rechazó el menú que le ofrecía el mesero—. Sólo tráigame un filete de pescado. Tenemos prisa —luego notó que Francisco estudiaba su menú, el cual constaba de varias páginas—. No prolongues esto —suplicó con tono amargo.

Francisco lo ignoró y ordenó dos platillos y una copa de Chardonnay.

—Tú amas la risa buena y odias la risa mala, ¿es correcto? —preguntó después de que el mesero se hubo marchado.

—Al grano —lo cortó Mickey.

—Tu ego intenta resguardarte. Te hace sentir especial y protegido pero, ¿qué es lo que sucede en realidad? Que terminas por ser muy inseguro —Francisco señaló las mesas alrededor del salón—. Perfectos desconocidos se ríen de ti y, de pronto, toda la fachada se derrumba. Nunca existió tal protección. Nunca estuviste a salvo.

Para cuando el mesero regresó con un plato de salmón cocido, Mickey había perdido el apetito.

—Tienes razón. Soy inseguro —admitió—, pero tú me asustas. Si escucho tus palabras, todo lo que he construido podría derrumbarse; entonces, ¿qué haría yo?

—No hay nada de malo en lo que decidas hacer —dijo Francisco—. Tú cuentas chistes. Los chistes sorprenden a la gente con la guardia baja y la hacen reír. Ésa no es felicidad verdadera pero al menos proporciona una pista.

—¿Qué es la felicidad verdadera? —preguntó Mickey.

—Ser uno con tu alma —respondió Francisco sin dudarlo.

—De acuerdo; entonces, ¿qué es un alma?

—Todo lo que el ego no es.

Mickey sacudió la cabeza.

—¿Cómo sabes todo esto?

Francisco estaba divertido.

—Tú te has preguntado eso durante un tiempo —en ese momento, Francisco se aproximó a Mickey y bajó el tono de voz hasta convertirlo en un susurro conspirativo—. Te diré mi secreto. ¿Estás listo? Yo no soy una persona.

—¿Qué tipo de secreto es ése? —preguntó Mickey.

—Uno muy importante. Cuando llegamos a este restaurante, yo hacía el ridículo. La gente comenzó a reír. Para ti, era un tipo malo de risa porque la gente se reía de mí. Con sólo estar a mi lado, tú te avergonzaste. Te convertiste en un tonto por proximidad.

—No puedo evitarlo.

—Lo sé. Tú eres una persona que piensa que debe tener

un alma. Yo soy un alma que sabe que desempeña el papel de una persona. Esa gente no se reía de mí; se reía de mi actuación.

Esta explicación tuvo sentido para Mickey.

—En la tienda de conveniencia, yo representé el papel de un limosnero. En realidad no lo soy; por tanto, después de un rato pude separarme de ese papel.

—¿Lo ves? —confirmó Francisco.

El humor de Mickey había mejorado tanto que incluso pudo comer. La comida era deliciosa y le dio oportunidad de pensar. Después de un momento, dijo:

—Entonces, ¿tú no representas ningún papel?

—No, a menos que así lo decida. Cuando represento un papel, sé que mi verdadero yo no actúa; sólo observa. Quizá se involucre un poco pero en esencia permanece aparte.

Mickey recordó a las personas que lo habían insultado cuando les abrió la puerta y extendió la mano para pedirles monedas. Una de ellas lo llamó repugnante y otra le dijo que consiguiera un empleo. Esas palabras no le molestaron y ahora conocía el motivo: él podía separarse por completo. Representar un papel era seguro para él cuando no se identificaba con éste.

—Creo que el proceso funciona —dijo—, pero tengo que ser honesto: aún no sé qué es el proceso.

—Te lo mostraré aquí y ahora —respondió Francisco. Frente a él había dos copas; una de ellas llena de agua y la otra, de vino blanco—. Ordené vino blanco por una razón. Observa.

Francisco tomó las dos copas y con cuidado vació una de

ellas en la otra. Después lo hizo de nuevo en la otra copa hasta que el agua y el vino se mezclaron por completo.

—No puedes distinguir el agua del vino ahora —dijo—. ¿Qué sucede si quisiera separarlos de nuevo? ¿Cómo podría tener agua simple en una copa y vino blanco en la otra?

Mickey meneó la cabeza.

—No se puede.

—Correcto. Pero el proceso sí puede hacerlo. Tu alma y tu ego están mezclados de manera tan invisible como el agua y el vino blanco. Ésa es la razón por la cual la gente está tan confundida. Vaga por la vida en busca del alma a pesar de que ésta ha estado allí todo el tiempo. Habla de haber perdido el alma cuando eso es imposible. Cree que el alma irá al cielo después de su muerte, pero el alma ya está en todas partes.

"En otras palabras, el alma es un misterio. No puede ser perdida o encontrada. No está aquí ni allá. Te pertenece y, no obstante, pertenece a Dios. Sin un proceso, nadie podría llegar al fondo del asunto."

Estas palabras causaron honda impresión en Mickey. No era la primera vez que deseaba sujetar a Francisco por el brazo y preguntarle: "¿Quién eres?" Al percatarse de la expresión de duda en el rostro de Mickey, Francisco sonrió.

—No te asustes. No soy el Segundo Advenimiento o lo que sea que crees que soy.

Ambos terminaron sus alimentos en silencio. Al salir del hotel y caminar hacia el módulo de los valets, Mickey se sentía distinto. No existía un término preciso para definir lo que le ocurría. Francisco se dio cuenta de ello.

—Buscas una etiqueta —le dijo—. No lo hagas. El proceso no puede tener un nombre. Es invisible y, sin embargo, todopoderoso. Altera todo lo que dices y haces, pero nada de lo que dices y haces forma parte de él.

En ese momento, lo que escuchaba coincidió a la perfección con el inefable sentimiento de Mickey, quien flotaba hacia el interior de un misterio. Sin embargo, una vez que recogió su auto y condujo por Sunset Boulevard hacia la costa, Mickey perdió la sensación de fascinación. Era como una telaraña, demasiado etérea como para sujetarla. Francisco se dio cuenta de ello también.

—No puedes apoderarte del proceso —explicó—. No puedes aferrarte a él como no puedes sujetar el aroma del océano. El proceso sucede por completo en el presente. Está aquí un segundo y se marcha al siguiente. En fin; tengo un chiste para ti:

"Una niñita va con sus padres a un restaurante. El mesero espera de pie mientras la familia lee el menú. La niñita dice: 'Yo quiero una hamburguesa'. La madre se dirige al padre: '¿Qué te parece una ensalada griega?' 'De acuerdo', responde él. 'Queremos tres ensaladas griegas', le dice la madre al mesero.

"De camino a la cocina, el mesero grita: 'Dos ensaladas griegas y una hamburguesa'.

"'Mira, mamá', exclama la niñita, '¡él cree que soy real!'"

Después de un momento, Mickey dijo:

—Entonces, ¿tú crees que soy real?

—Sí, a pesar de que tú no lo creas.

La idea hizo sentir mejor a Mickey. El sol se sentía tibio

en su rostro. No había nubes y el cielo estaba limpio y reluciente. Había disfrutado de la risa que le provocó el chiste de Francisco y, durante un fugaz instante, le pareció que todas las cosas que lo rodeaban también reían.

6

La exaltación de Mickey no se desvaneció por completo al avanzar por la autopista. Sentía ligera la mente y se obligó a prestar atención al camino. Cada vez que el Sunset Boulevard describía una curva, parecía como si el auto se convirtiera en un planeador. Como si pudiera volar en el aire y atrapar la siguiente brisa.

—Esto es irreal —murmuró Mickey con suavidad.

—Es más irreal no sentirse así —dijo Francisco—. Éste es el gozo de tu alma. Absórbelo.

Mickey miró por la ventanilla la fila de automóviles que corrían en ambas direcciones y las hermosas casas de estuco a los costados del bulevar. Había escuchado hablar de las experiencias extracorpóreas y se preguntó si ésta era una de ellas. Ninguno de los dos hombres pronunció palabra y tal parecía que la cinta asfáltica se extendería hasta el infinito. El Sunset Boulevard se dirigía hacia el océano. El sol del oeste brilló en los ojos de Mickey y su resplandor lo obligó a entrecerrarlos.

—Ya voy en descenso. Puedo sentirlo —dijo.

Francisco volvió la cabeza en su dirección.

—No te preocupes. Flota un poco más. No hay prisa para aterrizar.

Mickey continuó con la sensación de que no conducía el

auto sino que sólo miraba cómo se alargaba el camino. Sin embargo, poco a poco recuperó lo que pensó que era la cordura.

—¿Por qué me sucede esto? —preguntó y miró a Francisco—. En verdad necesito saberlo.

—Yo sólo hago mi parte —dijo Francisco—. Es como un juego de niños. Yo te encontré justo como alguien me encontró a mí.

Ésta era la primera ocasión en que el extraño hacía referencia a su vida personal y Mickey aprovechó la oportunidad para indagar al respecto.

—¿Alguien se acercó a ti en la playa?

—No. En el trabajo. Yo era constructor. Un extraño se me presentó en la construcción. Yo me sentí molesto pero eso perdió importancia muy pronto —Francisco notó la curiosidad en los ojos de Mickey—. Nada de lo anterior tiene importancia. Ya lo verás.

Una hora antes, esa aseveración hubiera asustado a Mickey. Cierta parte de él había aceptado el proceso pero otra parte había mantenido viva la creencia de que podría volver a su vida normal en cuanto así lo quisiera. Sin embargo, lo que él consideraba normal ya había cambiado y no estaba asustado.

—¿El proceso dura toda la vida? —preguntó.

—Sí, pero el cambio continúa. Cuando yo comencé, sentí tanto miedo como tú. Me resistí tanto como pude a pesar de no tener un ego tan inflado como el tuyo. No te ofendas. Y no te preocupes. Cuando el proceso termine, eso también desaparecerá.

De pronto, esa perspectiva se convirtió en la mejor noticia que Mickey jamás había recibido.

—Quiero lograrlo —dijo—. ¿Podemos acelerar las cosas?

Francisco parecía divertido.

—Podrías chamuscarte las cejas o derretir tus alas. Ten cuidado.

—¿Tú fuiste cuidadoso?

Francisco meneó la cabeza:

—No, yo me salí del camino durante un tiempo. Mi guía estaba preocupado.

Ahora que habían llegado a la playa, Mickey esperaba girar hacia el sur, la dirección hacia donde se encontraba su casa. Francisco señaló un supermercado en una esquina.

—Estacionémonos aquí.

Mickey se salió de la autopista y estacionó el auto.

—¿Quién fue tu guía? —preguntó.

—Su nombre era Martin. Era una escuela de misterio en un solo hombre. Lo que él sabía de la vida… —la voz de Francisco se apagó; entonces, el desconocido se volvió hacia Mickey—. Nada de esto es mágico. Los guías no son magos y no flotan hasta nosotros provenientes de otros mundos —explicó—. Sólo son quienes encienden un cerillo en la oscuridad u ofrecen un primer impulso; en fin, tú y yo aún tenemos algunos asuntos pendientes.

Francisco rebuscó en el bolsillo de su camisa y extrajo un pedazo de papel doblado.

—El gozo del alma viene y va hasta que te apoderas de él —dijo—. Ése es el siguiente paso.

A continuación contempló a Mickey desdoblar y leer el último acertijo.

Un día me amas, al siguiente me odias.
Pero nunca te resistes al anzuelo ni a la carnada.
Intentas escapar pero, ¿qué me importa?
La red que yo arrojo es una trampa permanente.

Mickey frunció el ceño.

—No lo entiendo. ¿Se refiere a los apetitos o algo así?

—Cerca —Francisco recuperó el papel y escribió una palabra al reverso: "Adicción".

Mickey sacudió la cabeza.

—Yo no soy adicto. Ni siquiera me he sometido a rehabilitación por publicidad.

—No se refiere a las drogas, el sexo o el alcohol. ¿Recuerdas esa sensación de gozo del alma que recién has experimentado? Desaparece porque tú siempre vuelves a tu viejo ser. Ésa es la peor adicción. Mientras necesites con urgencia a tu viejo ser, nunca podrás contactar con lo desconocido a plenitud.

—¿De manera que soy adicto a mí mismo?

—Eres adicto a tu *viejo* ser. Todo el mundo lo es —Francisco dirigió los ojos hacia una parada de autobús cercana—. Esto continuará. Debo irme.

Mickey no quería que lo dejara sin nada salvo unas cuantas pistas frustrantes.

—Espera —le dijo—. ¿No me dirás cómo resolver esto?

Francisco ya había bajado del auto.

—Ya es momento de que comiences a descubrirlo por ti mismo.

—¿Qué significa? —preguntó Mickey con tono doliente.

Francisco se asomó por la ventanilla abierta del asiento del copiloto.

—Anímate. Estás en el camino correcto —al voltear sobre su hombro, el extraño vio que un autobús citadino se detenía junto a la acera y dijo—: Despídeme con media carcajada. Un chiste rápido antes de que se marche el autobús.

—¿Cuál es la diferencia entre un bar y una farmacia? —dijo Mickey—. Inventario más reducido.

—Ésa es media carcajada. Ahora vete a casa y mírate de nuevo al espejo. Conocerás a alguien que tiene las respuestas que deseas.

Francisco corrió para subirse al autobús, cuyo último pasajero ya había descendido. Francisco lo abordó y, después de que las puertas se cerraron a sus espaldas, Mickey pudo verlo caminar a lo largo del pasillo central en busca de un asiento. ¿Cuántos pasajeros, pensó, tendrían idea de quién se encontraba entre ellos?

Mickey había pensado mirarse al espejo al llegar pero, una vez que estuvo en casa, pospuso la idea. Se sentía agotado. Salario había estado sola y encerrada todo el día. La perrita saltó sobre él y emitió agudos ladridos histéricos. Mickey la alimentó y después buscó en el refrigerador algunas sobras de sushi y una cerveza. Su contestadora telefónica contenía siete mensajes nuevos. No se sentía con ánimos de responder a ninguno, excepto al de su agente.

—¿Qué ha sucedido? —le dijo Alicia cuando le llamó.

—¿Crees que soy adicto?

—¿Qué?

Mickey repitió la pregunta.

—Sí, eres adicto —dijo Alicia—. Al dinero, a la aprobación y al chocolate, justo como el resto de nosotros. A menos que te refieras a lo que sí es serio.

—¿Algo más?

—Déjame ver. Al whisky de una sola malta, al golf y a ser gracioso. ¿Debo proseguir?

—No sabía que tú me considerabas gracioso —dijo Mickey.

—A veces sí y a veces no. ¿Qué te sucede? Te escucho distinto.

"Me inscribí en una escuela de misterio. Un perfecto desconocido me aceptó como principiante. Él cree que la semana próxima estaré listo para volar", pensó; no obstante, no le reveló sus pensamientos a Alicia.

—Me he relajado y he ensayado algunos chistes breves —respondió y de inmediato le contó dos seguidos—: Una conciencia limpia es la primera señal de pérdida de la memoria. Una linterna es un aparato que sirve para encontrar baterías inservibles en la oscuridad.

Mientras masticaba y saboreaba un bocado de sushi, Mickey abrió una puerta corrediza de vidrio y se llevó el teléfono celular al porche. Sentía la necesidad de hacer reír a Alicia.

—Olvídate de ésos. Éste es un buen chiste —anunció—: Una operadora del servicio telefónico de emergencias recibe la llamada de un hombre que parece encontrarse al borde de la histeria: "Estoy en una excursión de cacería y por accidente le disparé a mi amigo". La operadora le dice: "Lo primero que tenemos que hacer es asegurarnos de que está muerto". Después escucha un estridente balazo y el tipo regresa al teléfono. "De acuerdo, ya está muerto. ¿Y ahora, qué?"

Alicia emitió un gruñido ahogado que podía interpretarse como señal de diversión. A continuación le dijo a Mickey que siguiera con sus ensayos y después se despidió. Para entonces, Mickey ya no deseaba contemplar la puesta de sol. Ya se escabullía de regreso a su viejo ser. Francisco le había dicho que ésa era su adicción y ahora Alicia más o menos había cerrado el caso. Mickey se incorporó y con el pie empujó a Salario hasta el interior de la casa. En seguida cerró la puerta corrediza de vidrio.

"Mírate de nuevo al espejo. Conocerás a alguien que tiene las respuestas que deseas."

El momento había llegado. Mickey encontró un espejo en el baño para visitas, cerca de la entrada principal, se recargó contra el lavabo y contempló su imagen. Incluso entrecerró los ojos y se concentró a la espera de que algo sucediera.

Nada sucedió.

Tal vez no se trataba de concentrarse. Mickey sonrió a su reflejo.

—¿Cómo estás? Yo también estoy bien. Gracias por preguntar.

Los ojos que lo miraban ya no eran tan inexpresivos y vacíos como lo habían sido en su auto. Eso era bueno. Mickey se relajó y volvió a mirarse a los ojos. Pasaron algunos minutos y Mickey se aburrió.

Sin embargo, si se daba por vencido ahora, no contaría con nada que demostrara su esfuerzo, así que se acercó más a su reflejo. Fingió que era un optometrista que se asomaba a sus propios ojos con un lente, justo en la pupila…

Sus pupilas se hicieron más grandes. Después un ojo, el derecho, comenzó a dilatarse tanto que Mickey pensó que su iris desaparecería. A pesar de lo temible de la situación, Mickey mantuvo la calma. Sólo hasta entonces se dio cuenta de que su pupila no se expandía sino que él era atraído hacia su creciente punto de oscuridad. A medida que dicha oscuridad lo envolvía, Mickey recordó una imagen de televisión de su infancia: el Zorro, quien hacía ondear su capa negra al viento. La capa rodeó a Mickey como el anochecer y entonces todo se volvió negro.

—¿Hola? —gritó; su voz hizo eco como en un auditorio vacío—. ¿Hola?

Como respuesta, un diminuto punto de luz apareció en la distancia. No había otro lugar adonde ir, así que Mickey se dirigió hacia allá. Al acercarse vio de qué se trataba. Una linterna. El hombre que la sostenía estaba sentado en un banco.

—Cuidado, niño —dijo el hombre—. El hielo es resbaloso y no es tan grueso.

Era Larry.

Mickey corrió hacia él mientras escuchaba el crujido del hielo bajo sus pies.

—¿Qué haces? —preguntó, a pesar de que ya lo sabía.

Un hombre sentado en un banco que mira hacia un agujero en el hielo debe practicar la pesca en hielo. Éste había sido el pasatiempo invernal favorito de Larry cuando Mickey era pequeño. Recordó que su padre lo sacaba de su tibia cama y conducía su vieja camioneta Ford *pickup* hasta un desolado lago en Wisconsin.

—Me he convertido en un pescador de hombres —dijo Larry mientras jalaba el cordel.

—¿De veras? —preguntó Mickey.

—Te pesqué a ti, ¿no es cierto?

Larry sonaba tanto como Larry que Mickey hizo un gran esfuerzo para no estirar el brazo y tocarlo con el fin de asegurarse de que era real. Sin embargo, su instinto le indicó que no lo intentara.

Su padre movió su linterna en la oscuridad. El haz de luz se detuvo en un segundo banco que estaba al otro lado del agujero. Mickey tomó asiento.

—No creo que sea legal utilizar una linterna —comentó.

—Las condenadas almas no morderán a menos que tú lo hagas —dijo Larry y sonrió—. Igual que los lucios.

Tal vez porque ésta era la segunda ocasión, Mickey no estaba sorprendido en absoluto por el hecho de ver a Larry. Se sentía relajado pero con frío, feliz de pasar un tiempo con su padre pero no tan encantado por la pesca. No era tan distinto de cuando tenía diez años de edad.

—Todo cambia y nada cambia, ¿eh, niño? —dijo Larry.

—¿Todavía estás en el limbo?

Larry se encogió de hombros.

—Está bien. Saldré una vez que deje de preocuparme por ti.

Esta noticia inquietó a Mickey.

—Puedes dejar de preocuparte —le dijo—. Ve adonde necesites ir.

—Cálmate. No estoy en prisión. ¿Viniste a preguntarme algo? —inquirió Larry.

—Vine a preguntarle algo a alguien —respondió Mickey con poca certeza.

—Pregúntale a tu viejo —Larry levantó la mirada y leyó la expresión de su rostro—. Nunca conversamos mucho. Me arrepiento de eso —dijo.

—Yo también pude esforzarme más —admitió Mickey. Larry suspiró.

—¿Recuerdas aquel día en que fuiste expulsado del equipo de beisbol de tu escuela? Eras muy bueno para tu estatura pero ellos querían jugadores más grandes para el equipo principal. Tenías la destreza pero te faltaban músculos. Tú te sentías muy decepcionado.

—Eso sucedió mucho tiempo atrás.

—Cuando cometes un error, éste permanece en el presente y no importa cuánto tiempo pase.

—¿Cuál fue mi error? —preguntó Mickey.

—Tú no; yo lo cometí —Larry fingió distraerse con su cordel de pesca mientras se decidía a hablar—. Tú querías que yo te consolara pero no supe cómo hacerlo. Corriste hacia mí como solías hacer cuando tenías ocho o nueve años de edad e intentaste abrazarme. Todo lo que pude pensar fue: "El niño ya está demasiado grande para esto". Te rechacé. ¿Lo recuerdas?

—Dijiste: "Si quieres un abrazo, ve a abrazar a tu madre" —respondió Mickey—. No fue tan grave.

—Sí lo fue —Larry dudó—. Corté el lazo entre nosotros. Lo peor fue que lo supe. Pude sentir que ni tú ni yo volvería-

mos a ser los mismos. Yo te amaba, maldita sea, y te rechacé.
¿Para qué?

El dolor implícito en la voz de su padre provocó un nudo
en la garganta de Mickey.

—Los hijos se alejan, papá.

—Tú no volviste —dijo Larry—. Uno tiene que permitir
que los hijos se alejen, pero lo hace cuando ambos saben que
eso es lo correcto y lo hace de una manera tal que el hijo
siempre pueda regresar.

¿Qué podía decir Mickey? Le atemorizaba pensar que
Larry estaba en el limbo porque sentía mucha culpa. Antes de
que Mickey pudiera pronunciar palabra, la melancolía de su
padre se esfumó con tanta rapidez como había llegado.

—No te preocupes. Tenía que decírtelo, pero ya ha pasado —Larry miró hacia arriba y observó la oscuridad—. No
puedes verla pero en verdad ayuda mucho. La gente de Dios,
quiero decir —el anciano tosió y su cuerpo se estremeció un
poco—. ¿En qué estábamos? Ah, sí, la pregunta que querías
hacer.

Mickey aún no se recuperaba de lo que su padre había
reconocido. Larry había sido anticuado cuando estaba vivo; es
decir, no mostraba sus emociones. Cuando abrazaba, lo hacía
como hombre; es decir, colocaba el brazo alrededor de los
hombros del otro hombre y le daba un par de palmadas re-
nuentes.

—Dame un minuto —pidió Mickey.

—De acuerdo. ¿Quieres escuchar el chiste favorito de
Dios? —preguntó Larry.

—Claro.

Larry se irguió y miró a Mickey directo a los ojos.

—Pecado —dijo, y comenzó a reír, pero no dijo nada más.

—¿Ése es el chiste? —preguntó Mickey.

—Por supuesto. Cada vez que Dios escucha que la gente cree en el pecado, se desternilla de risa.

—¿Y tú puedes escucharlo reír? —inquirió Mickey.

—¡En todo su esplendor! —respondió Larry y en seguida controló su entusiasmo—. Me he divertido mucho estos días —el anciano sacó el cordel del agua y comenzó a enrollarlo alrededor de su mano enguantada; Mickey notó que el cordel no tenía anzuelo ni carnada—. No importa —dijo Larry—; de todos modos no han mordido las almas —a continuación reunió su equipo de pesca y se puso de pie—. Es ahora o nunca, niño. Hazme esa pregunta. Tengo que marcharme muy pronto.

Su tono era más ligero ahora pero Mickey se dio cuenta de que su padre intentaba corregir sus errores. El arrepentimiento flotaba sobre él como neblina sobre el hielo. Mickey no esperaba ningún tipo de respuesta pero formuló su pregunta de todos modos.

—Estoy atorado en mí mismo, en mi manera de hacer las cosas —dijo—. No me encanta mi manera de ser pero soy adicto a ella y no sé cómo dejar de serlo.

—Eso es fácil —dijo Larry, y pareció aliviado—. Creí que me preguntarías cómo recuperar a tu esposa. Nadie puede ayudarte con eso.

—Ayúdame con esto —imploró Mickey.

—De acuerdo. ¿Estás atento? —Larry se aclaró la garganta—. Tú haces cosas que nunca funcionaron desde el principio. No lo hagas.

—¿Qué?

—Las adicciones son sustitutos artificiales. Estás aferrado a cosas que nunca te brindan lo que en verdad deseas. No puedes tener rosas verdaderas, así que compras de plástico. No puedes tener pensamientos dulces, así que devoras azúcar. No puedes descubrir cómo ser feliz, así que haces reír a otras personas.

—¿Cuándo dejaré de hacerlo?

—Buena pregunta —Larry parecía cada vez más inquieto. De tanto en tanto miraba sobre su hombro a la noche que lo rodeaba—. Ya voy, ya voy —decía, impaciente; después regresó su atención a Mickey—. Me dieron acceso limitado. Creo que ya te lo había dicho la primera vez. ¿Qué le vamos a hacer?

Larry se encogió de hombros y comenzó a alejarse. Sus botas de caucho hacían crujir el hielo. Mickey le gritó:

—¿Por qué no viniste a través del televisor? Aún creo en la televisión, tal como tú dijiste.

Larry no miró hacia atrás.

—No te preocupes. También crees en la oscuridad.

Después, desapareció.

Mickey regresó sin saber cómo lo había hecho. En un instante estaba sobre el hielo, en medio de la oscuridad, y al siguiente estaba otra vez de pie frente al espejo. Era un misterio pero éste también tendría que esperar en la fila para ser resuelto. A últimas fechas, los misterios se acumulaban a su alrededor.

Mickey regresó a la cocina donde había dejado los restos

de su sushi y de su cerveza. Se sentía en calma. La casa le pareció muy silenciosa. Salario levantó los ojos hacia él desde su cama para mascotas, junto a la estufa, gimió y meneó la cola. Mickey se aproximó a ella y susurró en su oído:

—¿Supiste del paranoico disléxico? Estaba seguro de perseguir a alguien.

Salario emitió un agudo ladrido y tocó con su nariz la punta de la nariz de Mickey.

—Está bien. Muérdeme todo lo que quieras. En años perrunos, yo ya estoy muerto.

Mickey no sabía por qué se sentía tan de buen humor. Tomó asiento junto al mostrador de la cocina y bebió su cerveza a sorbos sin pensar en nada. No obstante, las palabras de Larry regresaron por sí mismas.

"Tú haces cosas que nunca funcionaron desde el principio."

De acuerdo. ¿Y ahora, qué?

Francisco le había dicho que ya había llegado el momento de descubrir cosas por sí mismo. Mickey quería hacerlo. Había anhelado una vida distinta desde mucho tiempo atrás. Había sido necesaria la muerte de Larry para obligarlo a darse cuenta de ello. Pero, ¿cómo podía renunciar a su adicción?

Mickey arrojó la lata vacía al basurero y levantó a Salario.

—Vamos, chica. Tú y yo.

Apenas daban las diez de la noche cuando Mickey y la perrita ya estaban en la cama. Mickey tomó el control remoto y comenzó a cambiar los canales de televisión. Lo que atrapó su atención fue una imagen familiar: un helicóptero estaba suspendido sobre la autopista 405. Más abajo, los policías perseguían a una camioneta robada. Mickey le subió al volumen.

"Lo que comenzó como una persecución a alta velocidad varias horas atrás se ha convertido en una exhaustiva prueba de resistencia en cámara lenta", decía el reportero sobre la imagen del helicóptero. "El sospechoso, ahora identificado como Alberto Rodríguez, en un principio intentaba escapar a la frontera mexicana. Ahora, tal parece que guía a la policía en círculos."

Desde la toma en picada resultaba evidente que la camioneta apenas avanzaba por el camino, seguida por cinco patrullas. Mickey ya había visto antes imágenes similares pero esta vez imaginó que él era el conductor. ¿Qué pensaría? El final de la persecución era inevitable: se le terminaría la gasolina, el auto se detendría y las patrullas lo acorralarían.

El conductor hacía algo que no había funcionado desde el principio.

Mickey oprimió el botón de silencio y llamó por teléfono a su madre. Ya era medianoche en Chicago pero él sabía que a ella le gustaba desvelarse.

—¿Hola?

—Mamá, soy yo.

Su madre sonó sorprendida. Habían conversado justo después de la muerte de Larry. Ella no había asistido al funeral; su segundo esposo no quiso que asistiera y, de cualquier modo, ella no había hablado con Larry durante los últimos veinte años.

—¿Sucede algo? —preguntó ella.

—No, mamá, todo está bien. Sólo quería hacerte una pregunta. ¿Por qué Larry y tú peleaban tanto?

—¿Quieres preguntarme eso ahora? Fue hace mucho tiempo. No puedo recordarlo.

—¿Pero sí recuerdas que peleaban?

—Dios, sí. Era terrible. Ambos éramos muy conflictivos —su tono se hizo abrupto—. ¿En verdad quieres hablar al respecto en este instante?

Mickey sabía que su madre se sentía incómoda pero no podía apartar de su mente la imagen de la lenta y penosa persecución en la autopista.

—¿No te diste cuenta hacia dónde se dirigían? —le dijo—. La gente que pelea mucho termina por divorciarse.

—Lo lamento, cariño.

—Eso no es lo que quiero decir. No imagino por qué no intentaron algo distinto.

—No entiendo adónde quieres llegar.

—Ninguno de los dos iba a ganar pero continuaron con sus mutuas agresiones.

—Cariño, no quisiera arrojarte piedras pero tú y Dolores también se divorciaron. Ustedes tuvieron sus peleas. ¿Alguna vez dejaste de pensar que ganarías?

Mickey quiso decirle: "Eso es distinto. Ustedes eran mis padres. Yo era un niño cuando me casé. No supe manejarlo". En cambio, dijo:

—Tienes razón. No debí llamarte. Ve a dormir, mamá —murmuró una disculpa y colgó.

En la televisión, la lenta persecución aún continuaba. El conductor se negaba a darse por vencido. En algún momento

111

tendría que detenerse; era inevitable. Sin embargo, su cerebro no aceptaba lo inevitable.

—Pobre bastardo —musitó Mickey.

Dejó la imagen en silencio y giró en la cama. La televisión le ayudaba a conciliar el sueño. Las noticias matutinas le informarían cómo resultaba todo.

7

El primer rayo de sol iluminó el rostro dormido de Mickey y creó un resplandor rosado detrás de sus párpados. Él se incorporó y miró alrededor mientras bostezaba. Se sentía contento, lo cual lo sorprendió pues todo sucedía con demasiada prisa. Ahora el aire se sentía frío y quieto. Vio que el televisor aún estaba en silencio pero no se interesó por las cambiantes imágenes que atravesaban la pantalla.

Un ligero golpe en la puerta corrediza de vidrio rompió la calma.

—Sal. Tengo algo que mostrarte.

Era Francisco. Mickey se puso una camisa y pantalones y abrió la puerta del porche.

—¿Qué opinas? —preguntó Francisco.

No tenía que explicar a qué se refería. Un montón de nubes tempestuosas se había acumulado sobre el océano. Mickey nunca antes había visto nada semejante.

—Glorioso —murmuró.

Ésta era una palabra que él nunca solía emplear.

—Date la vuelta —dijo Francisco.

Mickey lo hizo y vio que había más nubes detrás de ellos. Su mirada viajó a través del cielo. Las mismas formaciones colosales estaban por todas partes.

—Es extraño, ¿no te parece? —preguntó Francisco.

Mickey seguía adormilado, pero de pronto comprendió lo que Francisco quiso decir. El único rayo de luz caía justo donde él se encontraba. Cruzó la reja del piso y miró hacia abajo. Las sombras reflejadas por las nubes se detuvieron justo sobre su casa. Él y Franciso estaban en la isla de la luz.

—¿Tú hiciste esto? —preguntó Mickey.

—¿Alguna vez has escuchado hablar de una persona que pueda controlar el clima?

—Mickey meneó la cabeza.

—No.

—Entonces, si yo hice esto, no debo ser una persona —Francisco rió ante la reacción de Mickey—. Toma —dijo, y extendió la mano.

—¿Qué es?

—Un regalo de graduación.

Francisco abrió la mano y reveló tres pequeños objetos: un anillo de oro, un trozo de oro en bruto y un sello, también de oro. Los objetos habían sido pulidos y resplandecían bajo la luz del sol. Mickey se sintió inquieto pues los obsequios parecían otro acertijo que él no podía descifrar. Francisco leyó su mente.

—Contienen el secreto de la felicidad —le dijo—. No se me ocurrió un mejor regalo.

—¿Me dirás el secreto?

—Ya lo sabrás. Vamos, tómalos.

Mickey obedeció, un tanto renuente.

—¿Y qué sucede si no estoy listo para graduarme? Me parece demasiado pronto.

—Nadie te obliga —dijo Francisco—. Tú puedes decidir si ya estás listo.

Ambos comenzaron a caminar por la playa. Los ojos de Francisco contemplaban el horizonte pero Mickey no podía ver nada en el mar, ni siquiera los acostumbrados yates de placer o los juguetones leones marinos. Se aproximaron a una pequeña pila de desperdicios que la marea alta había llevado hasta la orilla. Francisco se detuvo y jaló una retorcida vara húmeda de entre las algas.

—Justo lo que necesitamos —dijo.

Con la punta de la vara, Francisco trazó una línea en la arena.

—Hemos llegado a tu última lección. La más importante.

—De acuerdo —dijo Mickey con incertidumbre.

Francisco señaló ambos lados de la línea que había trazado.

—Allí estás tú y tu mundo. Aquí está Dios y su mundo. Desde que naciste, nunca has cruzado el límite que los separa. Ahora puedes hacerlo.

—¿No tendría que morir?

Francisco negó con la cabeza.

—El mundo de Dios se abre cuando conoces la diferencia entre la ilusión y la realidad. Como ya te dije antes, tú has comprado la ilusión de que eres una persona en busca de su alma. La realidad es que eres un alma que desempeña el papel de una persona. Una vez que lo comprendas a plenitud dejarás de ser prisionero para siempre. Serás libre.

Mickey dudó.

—¿Estás tú en el mundo de Dios ahora mismo?

115

—Sí.

—¿Y cómo es? En verdad quiero saberlo.

—No hay nada que temer, nada que perder, nada a lo cual aferrarse. Ya no reconocerás más a tu viejo ser. Podrás ser quien eres en realidad.

—Discúlpame, pero eso se parece mucho a la muerte —Mickey dijo lo anterior con tono de broma no muy inspirada pero, de pronto, Francisco pateó la arena y la línea desapareció.

—¿Qué sucedió? —preguntó Mickey.

Francisco lo miró con intensidad.

—Me pregunto si te das cuenta de lo que te ofrezco. Si en verdad fuera así, lo desearías con cada fibra de tu ser. O eso o huirías entre gritos y con un terror que jamás imaginarías.

—Lo siento.

Francisco se dio cuenta de que la mortificación de Mickey era genuina pero no comentó nada.

—Es temprano. Veamos qué nos depara el día —dijo con tono casual.

Los hombres continuaron con su caminata por la playa. Una apertura en el banco de nubes avanzaba con ellos. Mickey ya no se sentía contento.

—Tú me pides un gran cambio. Quizá sea demasiado para mí —le dijo—. Me siento desvalido.

—No lo bastante desvalido —respondió Francisco.

—¿Qué quieres decir?

—Aún crees que tienes el control. Regresamos al ego. El ego nunca renuncia a tener el control, de manera que repite una y otra vez lo que no funcionó desde el principio.

—Eso es justo lo que Larry me dijo. Lo vi otra vez —dijo Mickey.

—Tuvo razón. Tú no cambiarás sino hasta que tu ego se rinda, y eso sólo sucederá cuando te sientas desvalido por completo. Es entonces cuando su juego termina. Te enfrentas a lo desconocido. Es temible y oscuro, pero ahí es donde tienes que ir.

Mickey quería más explicaciones pero la mente de Francisco ya se encontraba en otro sitio.

—¿Ves a ese sujeto de allá? —preguntó.

Debajo de una torre de salvavidas, Mickey pudo distinguir un verdoso montón de trapos viejos. Le tomó un momento darse cuenta de que se trataba de un hombre hecho un ovillo y vestido con un enorme y mugriento abrigo militar.

—Sí, puedo verlo.

—¿Cuánto dinero traes ahora? —preguntó Francisco; Mickey siempre traía bastante dinero consigo, así que abrió la billetera y extrajo varios billetes de cien dólares—. Muy bien —le dijo—. Saca doscientos dólares, ve hacia allá y dáselos a ese hombre. Veamos lo que sucede. Aquí te espero.

Mickey hizo lo que Francisco le había pedido. Después de un momento, regresó.

—¿Y bien? —inquirió Francisco.

—Estaba borracho. Dormía profundo, de manera que al principio pensó que yo lo arrestaría. Cuando puse el dinero en su mano, el hombre no podía creerlo. Comenzó a llorar.

Ambos pudieron ver al hombre, quien ya había salido de

debajo de la torre. Su rostro velludo y canoso tenía una expresión de júbilo. De pronto, el hombre vio a Mickey y le hizo un animado saludo a la distancia con la mano en el aire. Mickey le respondió el saludo de la misma manera.

—Fue una sensación muy agradable —dijo mientras miraba al hombre que se alejaba.

Cada pocos segundos, el sujeto volteaba hacia atrás y lo saludaba.

Mickey bajó la mirada. Francisco estaba en cuclillas en la playa, había reunido el resto de los billetes de cien dólares en un montón y les había prendido fuego.

—¿Qué haces? —gritó Mickey y quiso patear la pequeña hoguera, pero Francisco le detuvo el pie.

—Sólo observa —le dijo.

—¿Qué quieres decir con que observe? ¡Son mil dólares, tal vez más! —exclamó Mickey.

Cuando ya no hubo oportunidad de rescatar el dinero, Francisco preguntó:

—¿Cómo te sientes ahora?

—Muy molesto. ¿Adónde quieres llegar? —dijo Mickey con amargura.

—Quería que vieras lo predecible que eres. Cuando donaste tu dinero, te sentiste bien. Cuando perdiste tu dinero, te sentiste mal. Eso es todo lo que el ego tiene para ofrecer: sentirte bien o sentirte mal. Eres como una rata en un experimento de laboratorio.

—Un experimento muy costoso —comentó Mickey sin entusiasmo.

—¿Me has comprendido?

—Explícamelo de nuevo —Mickey aún no se recuperaba de ver un montón de billetes reducido a cenizas.

—Estás demasiado resentido en este momento —dijo Francisco—. Reirás una vez que veas la verdad. ¿Qué tal una carcajada ahora mismo? ¿Tienes un chiste para mí?

Mickey supo que ésa era una maniobra no demasiado convincente pero necesitaba divertirse en ese preciso instante.

—Un hombre camina por la playa —dijo— y se encuentra una lámpara de bronce enterrada en la arena. El hombre la frota y frente a él aparece un genio. 'Me has liberado', dice el genio. 'En lugar de ofrecerte tres deseos, te concederé sólo uno, pero puede ser el deseo más grandioso del mundo.'

"El hombre reflexiona durante un momento. 'Nunca he viajado a Hawai. Constrúyeme un puente para que yo pueda ir allá cada vez que lo desee.' '¿Estás loco?', exclama el genio. 'Ocuparía la mitad del Océano Pacífico. Nadie puede construir un puente como ése. Pide otro deseo.'

"El hombre reflexiona de nuevo. 'De acuerdo. Quiero saber qué es lo que en realidad piensan las mujeres.' '¿Cuán amplio quieres el puente? ¿De un carril o dos?', responde el genio."

Mickey se sintió aliviado cuando vio reír a Francisco. La tensión entre ellos se rompió y ambos se sentaron sobre la arena, cerca de la orilla del mar. Después de unos minutos, una gaviota voló en círculos sobre sus cabezas en busca de alimento, emitió un agudo chillido y luego se alejó al vuelo, decepcionada.

—¿Por qué ese pájaro es libre y los seres humanos no lo somos? —preguntó Francisco.

—¿Porque no conoce algo distinto? —aventuró Mickey.

—Correcto, y no necesita conocer algo distinto. Esa gaviota nació en el mundo de Dios y no tiene motivo alguno para dejarlo. ¿Por qué nosotros sí? ¿Cómo llegamos a creer que debíamos vivir en un lado de la línea mientras Dios vive en el otro? Cuando piensas al respecto, no tiene sentido. No me importa la religión en la cual una persona base sus creencias y no importaría si Dios resulta ser masculino, femenino o neutro. En última instancia, Dios debe estar en todas partes. Sin esa condición, Dios no es Dios.

—Entonces, ¿cómo llego a todas partes? —preguntó Mickey.

Francisco sonrió pero al instante se tornó meditabundo.

—Quise conocer a Dios de la peor manera cuando era joven —dijo—. Dondequiera que Él estaba, de alguna manera no estaba yo. Luché. Grité. Lloré. Después de conocer a mi guía, él me mostró algo.

Francisco se incorporó de un salto, sujetó el brazo de Mickey y lo arrastró hacia la orilla del mar hasta quedar hundidos en el agua al nivel de las rodillas. La fría arena enterró sus pies. Entonces, preguntó:

—¿Cómo puedes buscar a Dios si Él ya está aquí? Es como si nosotros, dentro del océano, gritáramos: "Quiero mojarme". Tú quieres cruzar la línea hacia Dios pero resulta que Él siempre estuvo aquí —los ojos de Francisco comenzaron a brillar—. La gracia llega a aquellos que dejan de luchar. Cuando de verdad te das cuenta de que no hay nada que puedas hacer para encontrar a Dios, Él aparece de pronto. Ése es el misterio más profundo, el único que importa.

El día de graduación de Mickey no transcurrió todo el tiempo en la playa. Francisco declaró que tenía hambre e insistió en ir a un lugar específico en el centro de la ciudad. Nunca explicó el porqué pero Mickey asumió que debía existir un motivo.

De camino al centro, Francisco dijo:

—Formulaste una brillante pregunta en la playa.

—¿Sí? —dijo Mickey.

—Sí. Preguntaste: ¿Cómo llego a todas partes? Tú y yo encontraremos esa respuesta. Sin embargo, si Dios está en todas partes, el camino para llegar allí no es una línea recta. Te mostraré lo que quiero decirte.

Dado que Francisco no tenía nada más que decir durante el resto del camino al centro de la ciudad, Mickey tuvo tiempo para considerar a su notable guía. La confianza de Francisco era natural por completo; sin embargo, con tanta frecuencia como Mickey lo había observado, Francisco aún se sentía fascinado y se preguntó si esa fascinación llegaba de la mano con el hecho de ser libre.

Cuando el centro de la ciudad estuvo a la vista, Francisco volvió a la vida.

—Comeremos algo rápido y luego volveremos al sitio donde comenzó el conflicto, al lugar donde se rompió la conexión. Donde los seres humanos perdieron su inocencia. Donde se perdió el amor de Dios y se convirtió en odio o, en el mejor de los casos, en indiferencia.

—Te refieres el Jardín del Edén —afirmó Mickey.

—Correcto. Necesitamos ir allí pero no con el estómago vacío.

Mickey dejó el auto en un estacionamiento y Francisco encontró el sitio donde quería comer: un restaurante griego lleno de suculentos aromas: *moussaka, souvlaki* de cordero en brocheta y vino blanco añejado con resina de pino. La comida era sencilla, como la pareja griega de corta estatura que trabajaba detrás del mostrador. Mickey sabía que era un esfuerzo inútil intentar apresurar a Francisco para partir al Jardín del Edén, pero al menos podía hacer lo que sabía hacer mejor.

—Ya nadie cuenta chistes de Adán y Eva —dijo—. Aprendí muchos de ellos cuando era niño.

"¿Por qué Dios creó primero a Adán? Para darle una oportunidad de decir algo. Eso ya no es gracioso. Quizás ésa sea la razón de que ese tipo de chistes desaparecieran. O eran demasiado groseros o minimizaban a las mujeres. Éste es uno que funcionó muy bien la última vez que lo conté:

"Dios busca a Adán y le dice: 'Tengo una noticia buena y una noticia mala para ti. ¿Cuál de las dos quieres escuchar primero?' 'La buena', responde Adán.

"'De acuerdo. Te he dotado de un cerebro y de un pene.'

"Adán dice: '¡Ésa sí que es una buena noticia! ¿Cuál es la mala?'

"'Que sólo te di suficiente sangre para que funcione uno de ellos a la vez.'"

A pesar de que hablaba, otra parte de la mente de Mickey observaba muy de cerca a Francisco. Ésta podría ser la última vez que viera a su guía. ¿Sería posible que hubiera aprendido lo suficiente de él? ¿Alguna vez conocería el apellido de Francisco o dónde vivía?

—No te mantendré en suspenso —dijo Francisco al comerse el último trozo de su sándwich *gyro* y luego señaló un edificio al otro lado de la calle con la cabeza—. Allí es donde vamos.

—¿A los tribunales?

—En específico, a la corte de divorcios —respondió Francisco—. Es lo más cercano al Jardín del Edén que podemos llegar. Ambos lugares comienzan con amor y compañía y terminan con ira y separación. Quiero recordarte cómo se siente eso.

La caminata a los juzgados fue muy corta. Los muros interiores tenían manchas de humedad y eran oscuros. En el segundo piso, donde se tramitaban los divorcios, había una sensación de pena. Mickey vio personas en parejas que se reunían alrededor de las puertas antes de entrar a los juzgados. Aquellos que parecían parejas en realidad eran abogados y esposas.

—Todos lucen miserables —dijo Mickey, quien ya había estado allí—. ¿Por qué necesitamos ver esto?

—No lo necesitamos —dijo Francisco—. El Jardín del Edén puede ser un mito pero, ¿qué representa? Un mal divorcio entre los seres humanos y Dios. Ahora, ¿qué sucede en un divorcio? Ambas partes acuden con la idea de que tienen razón. Cuando aún estás casado, existe la oportunidad de dar y tomar. Discutes y luego te reconcilias. En el fondo de tu corazón quizás aún pienses que tienes la razón pero ambos tienen que vivir juntos y eso implica un compromiso.

"Después del divorcio, todo cambia. Tu ex está equivocada por completo y tú tienes razón por completo. Ambas posturas se congelan en su sitio. Nadie se mueve; al menos no durante mucho tiempo.

—¿Quién ganó en el divorcio entre el ser humano y Dios? —preguntó Mickey.

—Tal parece que Él. Los seres humanos perdieron su inocencia y se sintieron pecadores. Se imaginaron que su expulsión del Paraíso debía obedecer a una razón muy poderosa.

—¿No la había?

Francisco meneó la cabeza.

—El divorcio nunca tuvo lugar. Tú me preguntaste cómo llegar a todas partes. Nunca llegarás allí si piensas que hiciste algo tan malo que Dios decidió convertirse en tu ex.

Francisco giró sobre sus talones y se dirigió a los elevadores. Mickey lo siguió.

—Suenas muy cínico —le dijo—. No esperaba eso de ti.

—Sólo soy realista. El amor y la compañía se convierten en ira y separación. Quédate en estos pasillos y lo verás cientos de veces por día. Tanto si lo saben como si no, esas parejas sólo repiten un drama ancestral —Francisco oprimió el botón del elevador y esperó—. Sería cínico si pensara que nada puede hacerse pero sí hay algo por hacer.

Minutos más tarde, ambos caminaban bajo la luz del sol. Mickey reflexionaba sobre su divorcio de Dolores. No había sido accidental que él la llamara cuando se sintió consternado. Tenía el hábito de entrometerse en su vida, sin importar cuántas veces ella le pidiera que no lo hiciera. En algún nivel, él conocía el motivo: no podía creer que la había perdido. Su mente no le permitía aceptarlo.

—Aún quieres ganar —dijo Francisco.

—¿Qué? —Mickey se sorprendió.

—Pensabas en tu matrimonio. Quieres recuperar a Dolores porque eso te convertiría en ganador. El divorcio te colocó en la cancha de los perdedores.

—Eso es un tanto brutal —se quejó Mickey.

—No si lo observas desde otra perspectiva. Estás atrapado en el deseo de que el amor pueda durar para siempre. No quieres creer que puede convertirse en odio. Lo mismo sucede con toda la especie humana. A pesar de los siglos de sermones acerca del pecado y de la Caída del Hombre, la gente recuerda el Paraíso. La gente se reúne en las iglesias para convencerse de que el divorcio de Dios nunca sucedió.

—Apenas acabas de decirme que no sucedió —dijo Mickey.

—Sucedió si tú crees que fue así. Ése es el poder de la ilusión.

Las palmeras que rodeaban el edificio de los tribunales eran viejos gigantes y Mickey no pudo evitar imaginar que ésos eran los mismos árboles que proyectaban sus sombras en el Jardín del Edén. Recuerdos de sus días de catecismo y de las imágenes bíblicas que se les mostraban a los niños, tal vez.

—El divorcio de Dios es una poderosa ilusión —prosiguió Francisco— pero, dado que no es real, el camino de regreso es mucho más simple de lo que parece. ¿Qué tendrías que hacer para recuperar a tu esposa? —no esperó la respuesta de Mickey—. Algo se interpuso entre ustedes y debe ser retirado.

125

—¿Y qué es?

—Ustedes se resistieron uno al otro. El dar y tomar desapareció. Al final, uno de ustedes tenía que estar en lo correcto y el otro no. ¿Ves lo que quiero decirte? Para recuperarla, invierte la situación: *permítele* tener la razón.

—Desearía poder hacerlo —dijo Mickey y meneó la cabeza.

—Puedes hacerlo —aseguró Francisco—. Si no con ella, entonces con Dios. Él está en lo correcto y siempre lo ha estado porque, en realidad, Dios es sólo amor. Él desea lo mejor para ti y nada para sí mismo. El más pequeño movimiento de tu parte será recibido con los brazos abiertos.

Mickey respiró profundo.

—Enséñame qué es lo que debo hacer y lo haré —dijo.

—Es un trato —dijo Francisco, movió la cabeza en señal de aprobación y comenzó a alejarse.

—¿Qué sucede? —exclamó Mickey.

Francisco volteó a mirarlo sobre su hombro.

—Te has graduado. Has tomado la decisión correcta. Felicitaciones.

—¿Quieres decir que todo termina aquí? —preguntó Mickey, desilusionado.

—Sí. Y todo comienza aquí. Así es como funcionan las cosas.

Francisco siguió su camino y Mickey sintió una tremenda urgencia por correr tras él pero después lo reconsideró. Cada vez que Francisco se alejaba de él, regresaba después de un tiempo. Mickey sólo tenía que ser paciente. Mientras tanto, tenía muchas cosas por digerir. Este día había sido el más intenso desde que se conocieron. Una vez que Mickey estuviera listo, Francisco reaparecería.

Estos pensamientos eran tranquilizantes pero también eran equivocados por completo. No obstante, Mickey no lo descubriría sino hasta mucho tiempo después.

Los días se convirtieron en semanas y las semanas en meses. Mickey invertía su tiempo privado en realizar actividades extrañas. Dejaba el televisor encendido día y noche por si Larry tenía algo que decirle. Pasaba cantidades extraordinarias de tiempo frente al espejo y miraba su reflejo. Sus paseos por la playa con Salario incluían al menos un momento durante el cual Mickey creía ver a un hombre alto con barba puntiaguda que se aproximaba a él desde la distancia.

Nadie estaba enterado de esos extraños comportamientos. Para el mundo exterior, él era el mismo Mickey Fellows. Una vez que retomó sus actividades normales, Alicia le consiguió más presentaciones de las que podía cumplir además de una docena de guiones de películas a considerar por semana. Éstos acumulaban polvo junto a su cama sin que Mickey los tocara o los leyera.

Alicia fue la única que se acercó a él lo suficiente como para casi descubrirlo.

—Estás distinto —le dijo cierto día por teléfono.

—¿Distinto cómo? —preguntó Mickey.

—No estoy segura. Como si hubieras sido abducido por extraterrestres y ellos hubieran decidido ser amables contigo.

Por lo que al resto del mundo se refiere, Mickey no estaba distinto. ¿No le había dicho Francisco que nadie lo notaría?

De todas las cosas que su guía le había enseñado, una sola imagen permanecía fija en la mente de Mickey: una línea trazada en la arena. De hecho, comenzó a pensar que Francisco la había cruzado para siempre. En cualquier caso, después de tres meses, Mickey despertó con la conciencia de que en verdad estaba solo.

Si Dios escucha nuestros pensamientos, éste debió ser justo el que esperaba.

En un principio, nada parecía fuera de lo ordinario. Mickey salió de su auto en Palisades con el fin de comprar comida china para llevar. El lugar estaba muy lleno y una persona que salía lo golpeó por accidente al entrar él. El sujeto, que hablaba por su teléfono celular, levantó la cabeza, murmuró un "lo siento, amigo" y siguió su camino.

Mickey lo miró.

—¿Arnie? —gritó.

El hombre se volvió, con el oído pegado al teléfono.

—¿Sí? ¿Te conozco?

—Tal vez no. Me equivoqué.

El sujeto asintió y se dirigió a su auto. Mickey se quedó de pie en su sitio, dudoso. Conocía a Arnie. Ambos habían iniciado en los mismos clubes. Alguna vez fueron amigos a pesar de que sus caminos no se habían cruzado en los últimos años.

¿Cómo es que Arnie no lo había reconocido?

Pequeños detalles comenzaron a acumularse. Mickey notó que nadie le hacía gestos de saludo en las calles y no recibía sonrisas de los desconocidos que pasaban a su lado. Él deseaba la soledad, así que su anonimato era bienvenido. Sin embargo, le pareció extraño que pasaran tres días sin un buscador de autógrafos o sin un entusiasta apretón de manos de un admirador.

Al cuarto día sucedió algo más notable. Mickey acudió a un cajero automático en West Hollywood. Necesitaba dinero en efectivo, así que se estacionó junto al más cercano que encontró. La máquina se tragó su tarjeta y Mickey comenzó a golpearla. Después llamó al número telefónico que aparecía en la pantalla para clientes que necesitan atención.

Respondió una señora. Mickey recitó el número de su tarjeta de crédito, el cual se sabía de memoria.

—Lo siento, señor; ése no es un número válido.

Mickey lo repitió más despacio. Nada. Entonces le pidió a la señora que buscara su nombre en la computadora. Tampoco había nada allí. Frustrado, maldijo en voz baja. Su ejecutivo de cuenta tendría que arreglar el asunto el lunes siguiente. Mickey sacó una tarjeta de respaldo y la insertó en la ranura. La máquina se la tragó también.

—Hijo de puta.

Después de eso, los sucesos extraños fueron en aumento. Mickey se detuvo en una licorería en Santa Mónica para cambiar un cheque. El dependiente era un aburrido árabe que veía ESPN en un televisor suspendido del techo. Con los ojos fijos en el partido, el árabe insertó el cheque de Mickey en la caja registradora y ésta lo escupió de regreso.

—No es bueno —murmuró el dependiente y le devolvió el cheque a Mickey.

—Hay dinero en la cuenta. Inténtelo de nuevo —pidió Mickey.

El árabe ni lo miró.

—No es bueno. Váyase.

Mickey tomó asiento dentro de su auto en el estacionamiento de la licorería. La lógica le indicaba que las cosas ya habían superado el límite de las coincidencias; de manera que, ¿cuál era el mensaje? Una oleada de pánico brotó en su pecho, lo cual era bastante natural en una persona que estaba a punto de ser borrada. Después recordó algo que Francisco le había dicho meses atrás:

"La persona que crees ser es imaginaria. No existe."

Mickey no había reaccionado la primera vez que escuchó esa frase. Ahora comenzó a sentir que temblaba y que su estremecimiento provenía de un lugar muy profundo. Él desaparecía. Su ser imaginado se disolvía en el aire como trozos de periódicos viejos en la calle. No existía otra explicación.

Mickey decidió llamar a Dolores y esperó los tonos de llamada mientras rezaba porque no le respondiera la máquina contestadora. ¿Qué le diría? A gran velocidad, su mente consideró todas las posibilidades pero no había tiempo para preparar nada. Tendría que tomar las cosas como vinieran.

—¿Hola?

—Nena, soy yo.

Dolores no respondió.

El día en que Larry murió, Mickey descubrió lo amplio que puede abrirse un espacio, tan enorme como el Gran Cañón, entre lo que uno teme y lo que espera. Ahora lo experimentaba por segunda ocasión. Por fin, ella preguntó:

—¿Quién habla?

Mickey contuvo el aliento. Aún tenía una oportunidad.

—Soy yo, Mickey. ¿No reconociste mi voz?

Otra pausa. Esta vez, Mickey supo que ya no había nada por esperar. Dolores dijo:

—No sé quién eres, Mickey, no recibo llamadas de pervertidos y no soy tu nena.

Click.

Mickey sintió que un sudor frío escurría por su frente. Se lo limpió con el dorso de la mano y encendió el auto. Durante la siguiente hora sólo se dedicó a conducir el auto hacia cualquier sitio, sin pensarlo. Pudo haber acudido a uno de los sitios donde todo el mundo lo conocía. Pudo haberse reclinado sobre la portezuela del auto y saludar a los paseantes en la acera. Pero Mickey no hizo ninguna de esas cosas y el motivo era extraño.

"¿Por qué no desaparecer?"

El temor a ser borrado se evaporaba. Ya no estaba aterrorizado sino justo lo opuesto. La posibilidad de renunciar a la piel que él llamaba Mickey Fellows comenzaba a parecerle tan adecuada como lo sería para una serpiente o para una mariposa nocturna que emerge de su crisálida. De pronto, Mickey se sintió muy cansado de su viejo ser. Era una cáscara inservible y nada más.

Sin embargo, tenía que estar seguro.

Alicia respondió al segundo tono de llamada.

—Hola, soy Mickey. Tenemos que hablar.

—Espere. La música está demasiado alta.

Alicia fue a apagar la música. Durante un segundo, Mickey se preguntó si ésta era una dispensa de último minuto. Quizá Dios le decía: "¿Estás seguro de querer hacer esto?" Alicia regresó al teléfono.

—Si esta llamada es por los derechos de propiedad intelectual, no nos dejaremos vencer en este asunto. Llame a mi abogado.

Mickey tomó aire.

—No, soy yo, Mickey. Ensayaba una nueva rutina. ¿Quieres escuchar el principio?

—¿Qué? ¿Quién diablos…?

Él colgó antes de que ella terminara de pronunciar la frase. La conexión se cortó con un leve sonido que, sin embargo, Mickey sintió como un fuerte golpe en sus oídos, como una cuerda que se rompe. Ya había obtenido suficientes pruebas de su no existencia. Bienvenido a lo desconocido. Ahora tenía que descubrir cómo vivir con ello.

Los sentimientos no pueden ser apresurados, así que Mickey se refugió en su casa durante una semana con las persianas cerradas. No vio televisión ni caminó por la playa. Intentó sacar a pasear a Salario cierta mañana, pero la perrita gruñó y él dejó de intentar colocarle la correa. Mickey se acuclilló a su lado.

—¿Supiste del disléxico que muere y va al infierno? —susurró en su oído—. El sujeto estaba consternado. "Esto es un error", le dice al Diablo. "He sido bueno toda mi vida. ¿Dónde estuvo el error?" Y el Diablo le responde: "¿Recuerdas cuando le vendiste tu alma a Santa Claus?"

Salario lo miró con expresión de dolor y colocó la cabeza entre sus patitas.

Cuando Mickey encontró a unos chicos en la playa y les obsequió a la perrita, ellos se mostraron encantados. Mickey contempló cómo se la llevaban. Salario no volvió la vista atrás y él no sintió nada. Era como si nunca hubiera tenido un perro.

Según resultaron las cosas, ése fue el último suceso significativo. Mickey no intentó vender su casa. Contaba con suficiente dinero en efectivo para su sustento hasta que ocurriera algo nuevo. No esperaba ser borrado para siempre.

Tal parecería, desde el exterior, que Mickey se sometía a un castigo pero él no se sentía así. El hombre solitario sentado en el extremo del muelle de Santa Mónica no estaba solo. Contempló el océano y pensó: "Yo soy el océano". Levantó la vista hacia el cielo y pensó: "Yo soy el cielo". Dondequiera que posaba los ojos se encontraba a sí mismo. Era como haber sido liberado de una jaula hacia la eternidad que se extendía en todas direcciones.

El único defecto de esa sublime existencia era un rastro minúsculo de nostalgia. Mickey Fellows había sido atendido como miembro de la realeza en el Hotel Bel-Air. Aún estaba tentado a regresar sólo para ver cómo se sentía aquello por última vez.

Cierto día, Mickey se dio por vencido a esta leve tentación. Cuando entró con el auto al estacionamiento, el valet que lo recibió lo miró sin expresión alguna. El portero lo vio pasar y continuó en su labor de silbar a los taxistas para que llevaran a los clientes. En el restaurante, el capitán de meseros levantó la vista y su rostro era indiferente. Después, sonrió.

—El caballero lo espera —le indicó.

Un mesero con levita guió a Mickey a una mesa al centro del salón, donde estaba sentado Francisco.

Mickey no supo qué decir.

133

—Cruzaste la línea —comentó Francisco cuando Mickey tomó asiento.

Sin dudarlo, Mickey respondió:

—Sí, lo hice. Nadie me reconoce. Soy libre.

—No abandones este mundo —dijo Francisco—. Es el lugar adecuado para amar a Dios. Aprovéchalo al máximo.

Mickey se sentía embriagado de júbilo y, cuando llegó su orden de espárragos al vapor con salsa holandesa, rompió a reír.

—Cuando veo esto, yo *soy* los espárragos —dijo—. Es ridículo. Me fundo con todo. Todo me fascina. A veces me pregunto si alguien me quitará este éxtasis.

—No, nadie lo hará —respondió Francisco.

No hubo mucho más por decir durante la comida; no obstante, cuando ya estaban por terminar, Francisco habló:

—Vine para ver cómo te iba. Cuéntame.

—Todo se ha vuelto mucho más sencillo para mí —dijo Mickey—. Llegué adonde tú querías que fuera.

—¿Que es adónde? —preguntó Francisco.

—Primero, más allá del temor. Cuando dejé de sentir miedo, estuve a salvo. Segundo, más allá del ego. Ya no tuve que probarle nada a nadie. Tercero, más allá de la adicción. Cuando dejé de anhelar la siguiente dosis, dejé de sentir desesperación en mi interior.

—¿Y qué sigue? —inquirió Francisco.

—No lo sé. Soy demasiado nuevo en esto —admitió Mickey—. ¿Puedes decírmelo tú?

—Lo que es simple ahora, se volverá mucho más simple aún —explicó Francisco—. Antes, lo que experimentabas era felicidad personal. Se basaba en el hecho de tener una razón para sentirte feliz y no tener motivos para sentirte triste. Pero la felicidad basada en una razón puede serte arrebatada en cualquier momento. Ahora, tú eres feliz *sin* razón alguna. Eso es mucho más perdurable. Si no hay nada que te guste o te disguste, tú puedes ser feliz en tu interior. Sin embargo, existe un nivel final que debes alcanzar y que está más allá de todo eso.

En ese momento, Francisco dejó de dar explicaciones.

—Quiero que sepas algo que es casi imposible describir con palabras. ¿Todavía tienes tus obsequios de graduación?

Mickey sacó una pequeña bolsa de terciopelo del bolsillo y vació su contenido sobre el mantel: un anillo de oro, un trozo de oro en bruto y un sello de oro. Francisco señaló cada uno de esos objetos.

—Te dije que éste era el secreto de la felicidad. Los tres objetos pertenecieron a un viejo coleccionista. Cuando él dormía, ellos discutían todo el tiempo. El anillo de oro declaraba ser mejor que los otros dos porque estaba hecho para adornar el dedo de una novia rica. El trozo de oro en bruto decía ser mejor que los otros dos porque muchos mineros habían arriesgado su vida para encontrarlo. El sello de oro afirmaba ser mejor que los otros dos porque había sellado los mensajes de un rey.

"Los tres discutían día y noche hasta que el anillo dijo: 'Preguntémosle a Dios. Él decidirá quién de nosotros es el mejor'. Los otros dos se mostraron de acuerdo y, así, los tres acudieron al Todopoderoso. Cada uno de ellos expresó su demanda de ser superior. Dios los escuchó con atención y, cuando terminaron de hablar, les dijo: 'No puedo solucionar su disputa. Lo siento'.

"El sello de oro enfureció. '¿Qué quieres decir con eso de que no puedes solucionarla? ¡Tú eres Dios!'

"'Ése es el problema', dijo Dios. 'Yo no veo un anillo, un trozo y un sello. Todo lo que veo es oro.'"

Francisco parecía sentirse muy conmovido por su pequeña parábola.

—¿Comprendes? —preguntó con suavidad.

—La existencia es oro puro. Nada más es necesario —dijo Mickey—. ¿Qué se necesita para que toda la gente lo comprenda?

La pregunta flotó en el aire mientras ambos hombres salían del restaurante y después se alejó sobre el aroma de los jazmines y las magnolias del lujoso jardín del hotel.

Mickey y Francisco se abrazaron y después cada uno tomó su camino. La gracia, viajera del universo, había dejado su huella inequívoca. Había dado nueva vida a una persona. Quizás esto no parezca mucho dados los millones de personas que habitan la Tierra. Por otra parte, el antiguo refrán dice, y debe ser cierto, que sólo hace falta una pequeña chispa para incendiar todo un bosque.

Epílogo

Sadie Shumsky casi nunca recibía correspondencia. Ocupaba un pequeño departamento de asistencia en las afueras de Newark, Nueva Jersey, donde creció. Solía recibir noticias de su hermano menor, Sol, quien había dejado el Este mucho tiempo atrás para buscar el éxito en Los Ángeles. Después, incluso él dejó de escribirle.

—Carta para usted —dijo la enfermera a cargo aquel día—. Entrega especial.

—Debe ser dinero —supuso Sadie, quien no tenía casi nada.

Casi sufrió un infarto cuando vio que en verdad se trataba de dinero: 175 mil dólares. El club de Sol en North Hollywood había sido vendido después de su muerte. El nuevo propietario le había enviado, como única pariente viva, un cheque por el negocio. O quizá sus abogados lo habían hecho. El nuevo dueño deseaba permanecer en el anonimato.

Todos se reunieron a su alrededor y se alegraron por ella.

—¿Qué harás con ese dinero? —le preguntaron. Sadie estuvo a punto de decir: "Mudarme de este agujero", pero todos habían sido amables con ella en ese lugar, y si uno ha de morir, que sea entre amigos.

El nuevo propietario conservó al mismo personal cuando se hizo cargo del negocio en North Hollywood. Era un tipo solitario y rara vez se aparecía por el local. El cantinero y la anfitriona, quienes representaban a todo el personal, le llamaban "jefe", nunca por su nombre, lo cual era un tanto extraño. Pero él lo prefería así.

Sólo era seguro ver al jefe los viernes, cuando se organizaban las noches de aficionados. El propietario tomaba asiento en la parte trasera del salón y bebía una sola cerveza Miller Light en toda la noche. Como en los viejos tiempos, los actos eran cómicos en su mayoría, con actores que sólo podían presentar sus números en ocasiones como éstas.

El público abucheaba la mitad de los actos y hacía bajar al artista del escenario antes de que pudiera terminar su presentación; no obstante, el jefe siempre reía sin importar lo malos que fueran los chistes. Le gustaba motivar a los nuevos talentos y de vez en cuando se sabía que abría su billetera para entregar un par de cientos de dólares a un comediante hambriento.

Entonces una noche, de improviso, cuando el primer acto había concluido, el jefe tomó el micrófono y le dio unos golpecitos.

—Uno, dos, tres, prueba.

—¿Qué? ¿Tienes un acto? —gritó alguien.

—Ensayo un material —dijo el jefe, quien se aclaró la garganta.

Había casa llena y él había decidido bajar el precio de la cerveza. Nadie estaba a disgusto.

El jefe sujetó el micrófono y comenzó a hablar con voz titubeante:

—Cierto día, un sacerdote, un ministro y un rabino fueron a jugar golf.

La multitud no le permitía pronunciar la siguiente frase pues emitió un gruñido colectivo que luego se convirtió en aullidos y silbidos.

El jefe persistió y se acercó más al micrófono.

—El rabino dice: "Les apuesto cien dólares a que puedo hacer un hoyo en uno".

Su voz no pudo superar el ruido de la multitud y nadie escuchó el final del chiste cuando lo contó. Sin embargo, de alguna manera parecía que el escándalo no le molestaba.

El jefe se mantuvo firme en su sitio todo el tiempo hasta que hizo una reverencia y descendió del escenario con una sonrisa en el rostro. Resultaba inquietante observarlo, en serio. Podría pensarse que, entre el abucheo y las burlas, él escuchaba que alguien, en alguna parte, se desternillaba de risa.

El sendero hacia el gozo:
diez principios de optimismo espiritual

¿Es la realidad lo que creemos que es? Dado que todos aceptamos la existencia del mundo material, ¿cómo podría la realidad ser la ilusión que Francisco le describe a Mickey en *¿De qué se ríe Dios?* Después de todo, las rocas son sólidas, el aire es sustento de vida y el planeta gira sobre su eje. Sin embargo, estos hechos no corresponden a lo que la palabra *ilusión* refiere. Tanto un místico como un materialista se lastimarían el dedo gordo del pie si patearan una roca. Pero un místico cree que la roca es una proyección de una realidad más profunda, mientras que un materialista cree que la roca es todo lo que existe pues la realidad no es más profunda que las cosas mismas. Para un materialista, las nubes y las montañas no son sino cosas y su belleza es irrelevante. Un bebé recién nacido también es una cosa y su humanidad también es irrelevante. En un mundo de cosas no hay espacio para una inteligencia amorosa conocida como Dios, quien preside la creación y la dota de significado.

Sin embargo, en el sendero hacia el gozo tú descubres que el significado es el fundamento mismo de la vida. Un bebé es una cosa sólo en el sentido más superficial. En realidad, un bebé es un campo de infinito potencial que expresa la más alta inteligencia de la Naturaleza. Yo no pienso en ello

141

como en una creencia mística sino como una verdad que yace en lo profundo de la imagen superficial donde la vida se presenta como una corriente de sucesos físicos al azar. El significado nace en lo profundo del interior. El optimismo espiritual es también una experiencia interna que se basa en el amor, la belleza, la creatividad y la verdad que una persona descubre al nivel del alma.

Cuando tú te exploras a ti mismo en un plano interno, trabajas con la intuición. Un concepto erróneo común es que la intuición se contrapone a la ciencia, pero el mismo Einstein decía que aquello que lo separaba de los ateos era que ellos "no podían escuchar la música de las esferas". En realidad, la ciencia y la espiritualidad dependen de la intuición pues los más grandes descubrimientos científicos se han logrado a través de saltos creativos en lugar de seguir una ruta lineal de hechos establecidos.

Tú utilizas tu intuición cada día para confirmar que estás vivo o que las margaritas son bellas o que la verdad es mejor que la mentira. El sendero hacia el gozo consiste en hacer más profunda y accesible tu intuición. Una vez que mi intuición me indica lo que es estar vivo, puedo explorar el significado de mi vida, de dónde provino y hacia dónde se dirige. Por fortuna, no existe fuerza en el universo más poderosa que la intuición.

En el sendero espiritual te haces consciente de ciertos principios básicos. A medida que estos principios se hacen presentes, la realidad cambia. La creencia por sí misma no puede transformar las circunstancias que te rodean pero la conciencia sí puede hacerlo. Ésta es la diferencia entre creer que estás bendito y observar la acción de la gracia en el mundo.

Los principios que encontrarás más adelante son poderosas maquinarias de cambio. A medida que crece la conciencia en tu interior, no existirán límites para aquello en lo que puedas convertirte; la única certeza es que te transformarás.

1. La respuesta más saludable a la vida es la risa

Este primer principio sirve como antídoto para el temor y el dolor al motivarte a experimentar la vida como gozosa. Al comenzar a caminar por el sendero, el gozo puede ir y venir como pequeños destellos. Sin embargo, al final la risa dispersará el sufrimiento como si fuera un exceso de humo o de polvo. El sufrimiento es uno de los aspectos más convincentes de la ilusión pero no deja de ser irreal.

Una regla de oro es adecuada aquí: *Lo que es verdadero en el mundo material, es falso en el mundo de Dios y viceversa.* En este caso, el mundo material parece estar dominado por crisis y sufrimiento; por tanto, la manera más saludable de percibir la vida es a través de la preocupación, la ansiedad y la actitud defensiva. No obstante, una vez que tu conciencia cambia, te das cuenta de que la vida en sí no podría existir sin una creatividad subyacente y que ese acto continuo de creación es, en sí mismo, una expresión de éxtasis. Esas cualidades son también el fundamento de tu vida.

De hecho, las lentes del materialismo nos dan la vista menos exacta del mundo porque a través de ellas vemos a la conciencia sólo como un subproducto accidental de la química cerebral y a los poderes de la mente como un mito. Equiparar la realidad más profunda con átomos inertes que chocan entre sí en el frío letal del espacio exterior significa negar todo lo que sustenta a la vida y hace que valga la pena vivirla: la belleza, la verdad, el arte, la moralidad, la comunidad, el descubrimiento, la curiosidad, el crecimiento interior y la conciencia superior.

¿Qué tienen estas cualidades en común? Que dependen de la intuición. No existe prueba objetiva de que el amor es bello o de que la verdad te hará libre. Por el contrario, tú tienes que llegar a estas conclusiones a través de tu propia experiencia interior. En el sendero espiritual todo depende de un cambio de conciencia; nada depende del choque de los átomos.

Lo que tenemos, entonces, son dos perspectivas globales antagónicas que contienden por tu filiación. ¿Es mejor ser espiritual o materialista? ¿Es Dios sólo un accesorio a la existencia física o la raíz verdadera de la existencia? Ésta no es una decisión sencilla porque la evidencia no está equilibrada. La mayoría de nosotros contamos con bastante conocimiento personal del mundo material pero muy poco conocimiento personal de Dios. Dios tiene que darnos muchas pruebas. Debe probar que está presente y que podemos depender de él, como sucede con una roca o con un árbol. Si queremos declarar que Dios sustenta la vida, debe sustentarla de manera tan viable como el aire, el agua o el alimento. En otras palabras, hacerte consciente de Dios no es cualquier cosa. Puede tomar una vida entera, si eres lo bastante afortunado.

Para comenzar este viaje, comprométete con la posibilidad de que todo lo que ves a tu alrededor es mucho menos real que Dios. Quieres percibir la verdad "con todo tu corazón, con toda tu alma y con toda tu mente", como dice Jesús. En realidad éste es un compromiso con el gozo. Cuando sientas felicidad momentánea o quieras reír a carcajadas o sonrías por ninguna razón aparente, es que has dado un vistazo a la realidad eterna. Durante un fugaz momento, la cortina se ha apartado para que puedas experimentar algo que se encuentra más allá de la ilusión. Con el tiempo, estos momentos de gozo comenzarán a entrelazarse. En lugar de ser excepciones, se convertirán en la norma. No existe mejor manera de saber que crece tu conciencia de Dios.

2. Siempre existe una razón para sentirte agradecido

Este segundo principio es un antídoto para la victimización y establece que tú eres visto y se te brinda lo que requieres. Mientras más consciente seas de la verdad de este principio, menos creerás que eres una víctima.

Si miras a tu alrededor te resultará evidente que la vida es ordenada. Una abeja vuela de flor en flor, se alimenta y poliniza de acuerdo con un esquema magnífico y ordenado. Millones de años de evolución han producido una exquisita correlación entre la abeja y la flor, de manera que ninguna de ellas puede existir sin la otra. Entonces, ¿por qué creemos que nuestras propias vidas no pueden ser sustentadas sin esfuerzo? Uno de los obstáculos principales es que nos percibimos a nosotros mismos como víctimas. Nuestros cuerpos están sujetos a la vejez y a la muerte. Los accidentes son inevitables. La catástrofe y el desastre acechan a la vuelta de la esquina, controlados por un caprichoso destino. El simple hecho de imaginar las cosas terribles que podrían sucederte te provoca tanto sufrimiento como los mismos sucesos.

Ser una víctima es el resultado lógico de vivir en peligro constante. Si Dios nos sustenta, entonces debería ser capaz de revertir todo el conjunto de accidentes azarosos que ponen a todo el mundo en peligro. Sin embargo, éste es un punto engañoso porque también estamos rodeados por abundancia en la Naturaleza. Los optimistas señalan a nuestra verde Tierra que florece de vida, nutrimentos y belleza. No obstante, ¿en verdad puede un Dios amoroso proporcionarnos las cosas buenas de la vida un día y dolor al siguiente? La mayoría de la gente que es agradecida con Dios tiende a negar que Él también es responsable de la enfermedad, la calamidad y la muerte. Una deidad todopoderosa y sabia no puede ser responsable sólo de una parte de lo que sucede. O lo sustenta todo o no sustenta nada.

La manera de escapar de una vida sometida a un Dios que un día brinda placer y dolor al siguiente es darnos cuenta de que Dios no es una persona. Sólo decimos que Dios es "Él" porque nuestra mente se resiste a pensar en Dios como una abstracción total. La verdad es que, al ser total, Dios tiene que ser abstracto. Tú no puedes envolver el Todo con tu mente. Por el contrario, envolvemos con nuestra mente las cosas que notamos y en las cuales elegimos creer.

A medida que notes a Dios en tu vida, reconócelo con gratitud. Dios no necesita el agradecimiento; Él ya lo tiene todo, incluso el agradecimiento. Sin embargo, al elegir la gratitud tú seleccionas un aspecto benevolente del Todo en el cual deseas concentrarte.

El propósito de la gratitud es conectarte con una visión más elevada de la vida. Tú tienes el poder de elegir si deseas activar el aspecto de Dios que da o el aspecto que quita. Cualquiera que sea el foco de tu atención, éste crecerá. Si prestas atención a aquellos aspectos de Dios que demuestran amor, verdad, belleza, inteligencia, orden y evolución espiritual, esos aspectos comenzarán a expandirse en tu vida. Pedazo a pedazo, como en un mosaico, distintos fragmentos de gracia se unirán hasta formar una imagen completa. Con el tiempo, esta imagen sustituirá a la más amenazante que has cargado a todas partes en tu interior desde tu infancia.

El mundo externo afirma ser real, pero también es una imagen creada en conciencia y proyectada hacia afuera. Una vez que te hagas consciente de que tú eres el proyector de la realidad, ya nunca más serás dominado por los acontecimientos externos. Podrás corregir el error que yace en la raíz misma de la victimización: la creencia de que la película te controla en lugar de lo contrario.

3. Tú perteneces al esquema del universo.
No hay nada que temer. Estás a salvo

El tercer principio es el antídoto para la inseguridad y nos dice que el temor puede ser convincente por completo pero no existe verdad alguna en él. El temor no es confiable.

En la vida moderna se nos enseña a respetar el temor como un contribuyente esencial para nuestra supervivencia, una señal biológica que alerta a la mente y al cuerpo ante un peligro que acecha. Pero los antiguos sabios de la India nos enseñaron que el temor nació de la dualidad; cuando los seres humanos se percataron de que ya no eran parte de Dios, de inmediato sintieron miedo ante lo que pudiera ocurrirles. En el siglo XX, después de dos devastadoras guerras mundiales y el surgimiento de la bomba atómica, esta permanente inseguridad fue promovida como un hecho ineludible de la vida y después fue conocida como ansiedad existencial. Tú y yo somos hijos de una era en la cual el simple hecho de estar vivos parece significar, sin duda alguna, que corremos el máximo riesgo. Como resultado, nos convertimos en presas de la ansiedad acerca de quiénes somos y adónde pertenecemos.

En el sendero espiritual puedes recuperarte de dicha ansiedad. Al rechazar un poco de temor cada vez, puedes darte cuenta de que la vida no está en constante riesgo. Estás a salvo, eres visto y eres cuidado. El cambio entre una vida de temor y una vida sin él requiere de una transformación en la orientación porque vivimos en un clima de temor en el que es demasiado fácil sucumbir a una corriente constante de amenazas potenciales. Los noticieros matutinos nos conducen a un mundo oscuro de desastres constantes, el cual se refuerza con los noticieros de la noche. Para contrarrestar lo anterior, debes buscar tu propia guía interior. Date cuenta de que lo que te pone a salvo es una inteligencia superior que reside en tu interior. Los peligros potenciales son ilusiones. Sólo lo que te rodea es real.

Con esto no quiero decir que la existencia puede ser purificada de todas sus incomodidades y súbitos reveses de fortuna. Sólo ofrezco la posibilidad de percibir la existencia desde una perspectiva distinta. Estarás seguro una vez que te percates de que Dios te ha proporcionado todo lo que necesitas para enfrentar los desafíos de la vida, cualesquiera que éstos sean. Tú ocupas la parte central del escenario de tu drama personal. Alrededor de ti hay un escenario aún más grande, y si te encuentras en momentos de riesgo en ese escenario mayor, el peligro estará presente. Sin embargo, esta situación es muy distinta a verte vivir dentro de un caos giratorio de catástrofes inminentes. El punto es tomar tu lugar dentro del drama con confianza. Todo es tal como debe ser.

El papel que se te ha asignado es adecuado y apropiado. Ha sido confeccionado a la medida para ti, para tu ser completo. Y tu ser completo no se conformará con una existencia plana y carente de experiencias. El hecho de que la vida no esté libre de riesgos por completo no cambia el hecho de que es guiada por decisiones tomadas en el nivel del alma. La voz del temor intenta convencerte de que eres una víctima desvalida de la casualidad. Lo opuesto es lo verdadero. En el nivel más profundo, el nivel del alma, tú eres el autor de todo lo que te sucede.

4. Tu alma valora todos los aspectos de tu vida

El cuarto principio es un antídoto contra el sentimiento de autodevaluación, pues declara que tu valor es absoluto y que todo lo que te sucede, tanto si se siente bien o no, es parte de un plan divino que se desarrolla en el nivel del alma.

Como ya hemos visto, los valores que hacen funcionar el mundo material deben ser revertidos por entero si quieres hacerte consciente de Dios. Desde el punto de vista convencional, el valor personal proviene de contar con un ego fuerte. La gente que posee un ego fuerte se siente confiada y disfruta de ponerse a prueba frente a los obstáculos; se enfrenta a ellos y, a cambio, la vida le devuelve dinero, nivel social y posesiones; es decir, recompensas externas para logros externos.

Bajo esa perspectiva, resulta casi vergonzoso que Jesús enseñe justo lo contrario: para ser amados por Dios debemos ser inocentes, humildes y servir a todos los hombres. Pero el punto de vista de Jesús coincide con las grandes sabidurías tradicionales, las cuales afirman que el valor de una persona no cambia en relación con sus éxitos externos y sus recompensas. El valor de una persona es el valor de un alma, la cual es infinita. Dado que cada suceso en tu vida no le ocurre a una persona sino a un alma, todo en la vida debe ser valorado.

Todos sabemos que la vida tiene sus altas y sus bajas y que nuestro sentido de valor personal se eleva o desciende de igual manera. Napoleón fue un titán cuando logró la victoria en los campos de batalla pero se redujo a ser sólo un tonto después de Waterloo. En un mundo de cambios, nosotros, personas guiadas por el ego, parecemos ser simples marionetas ante cada capricho de las circunstancias. Sin embargo, desde el punto de vista del alma, el cambio ocurre en contraposición al escenario del no cambio; el fundamento de la existencia es eterno, inamovible, estable e incluyente con todo.

¿Cómo puedes desviar tu atención del cambio? No me convencen las personas que dicen que sienten la presencia real e inmediata de Dios, Jesús o sus almas. Éstos son logros muy avanzados en el sendero espiritual, pero lo cierto es que no se encuentran entre las primeras puertas que se abren a lo largo del viaje. No obstante, sé que puedo experimentar por mí mismo, así que ahora mi tarea es encontrar la parte de mi interior que no cambia; es decir, que es inmutable. Resulta claro que mi mente cambia todo el tiempo, con tanta velocidad como se presenta el siguiente pensamiento, y lo mismo sucede con mi cuerpo, con tanta rapidez como se desprende la siguiente célula de mi piel y tiene lugar el siguiente latido de mi corazón. Por tanto, la búsqueda de lo inmutable debe llevarme a otro sitio.

Aquí es donde la meditación demuestra ser lo más útil. Cuando meditas, cambias tu enfoque. En lugar de prestar atención a la superficie de la mente, llena de cambios constantes, profundizas más para experimentar el silencio. En sí mismo, el silencio no tiene razón de ser. La vida se refiere a la acción y a la respuesta, no al desapego silencioso. Sin embargo, el silencio interior es algo mucho más profundo: es la conciencia consciente de sí misma, también conocida como conciencia absoluta.

En esas profundidades silenciosas, tu mente conoce todo lo que sucede. El tiempo se colapsa en un punto focal único donde el único conocimiento inconmovible que tienes es: "Yo soy". Éste no es un conocimiento pasivo; es el centro de todo, la fuente de toda la actividad que brota como pensamientos, sensaciones y sucesos externos. Resulta entonces que el silencio es el vientre de la creación; por tanto, la meditación es un suceso creativo en el cual tú te declaras autor de tu vida.

Ahora vemos lo que en realidad significa el hecho de meditar veinticuatro horas al día: tú conservas tu condición alerta y consciente todo el tiempo. Una vez que has declarado la autoría de tu persona, emerges del silencio hacia la actividad de escribir tu propia historia. Entonces, no existe diferencia alguna entre sentarte a meditar y vivir en el mundo. Ambas son expresiones de conciencia; una es silenciosa y la otra es activa. Ahora mantienes dos tipos de atención; una de ellas dedicada al cambio y la otra al no cambio. Éste es el cambio de conciencia que te permite vivir desde el nivel del alma.

5. Existe un plan y tu alma sabe cuál es

El quinto principio es el antídoto para la falta de sentido y establece que tu vida tiene un propósito. Tú determinas ese propósito en el nivel del alma y, entonces, ese propósito se desarrolla en la vida diaria como parte del plan divino. Mientras más profunda sea tu conexión con el plan, más poderoso será éste en tu vida. En última instancia, nada puede detenerlo.

Al escribir acerca del camino espiritual llegué a un punto en el cual sentí el deseo de poder prescindir de terminología como *alma, Dios* y *espíritu*. Dado que sólo existe una realidad, no necesitamos un vocabulario separado y mundano para la existencia de todos los días y otro vocabulario especial para la existencia superior. O todo es espiritual o nada lo es. A los ojos de Dios, el hecho de caminar sobre las aguas no es más milagroso que la hemoglobina cuando se mezcla con el oxígeno dentro de un glóbulo rojo. Ninguno de los dos fenómenos es visible para nosotros pero ambos pertenecen al esquema infinito del desarrollo de la creación.

No obstante, tal parecería que una vida llena de propósito y significado debe estar más cerca de Dios que una vida invertida en la más caótica confusión. El dualismo se apega a nuestra mente de manera muy poderosa y no podemos evitar pensar en términos de alto y bajo, mejor o peor. Lo que resulta difícil comprender es que Dios, al no desear nada, tampoco exige nada de nosotros. En términos espirituales, ninguna vida es más o menos valiosa que otra. El ladrón de hoy renacerá como el santo del mañana y viceversa.

Todos formamos parte del plan divino y, dado que Dios está dentro de ti, tú tienes el derecho absoluto de elegir tu participación en dicho plan. ¿Cómo funciona ese plan en términos prácticos? Una característica central es el tema de la percepción.

Cuando eras un bebé, te percibías a ti mismo de manera muy limitada. Lo que no podías solucionar o comprender pasaba a ser responsabilidad de tu padre o de tu madre. Ellos te alimentaron hasta que pudiste hacerlo solo, te dieron un refugio hasta que pudiste dártelo a ti mismo, etcétera. A medida que te volviste más capaz, cambió tu sentido de dónde estabas parado en relación con el mundo. En otras palabras, cada paso hacia la autosuficiencia cambió tu percepción.

El plan divino es igual. Al principio, el poder personal es muy limitado. El ego asume que debe proveer y lo hace a través de tomar lo que quiere y rechazar lo que no quiere. En este nivel, la percepción se limita al individuo y la amplitud de la visión es reducida. Lo que beneficie al "yo, mi y mío" es todo lo que importa. Al ego no le interesa cómo se interconecta el ser con todo lo demás. Resulta irónico que es justo en este nivel, donde le damos a las fuerzas externas la autoridad de dictar los sucesos, que el ego se siente más poderoso.

A medida que la percepción se expande, sucede lo mismo con el potencial interno. Más allá del ego, un círculo más amplio, que incluye el "yo, mi, mío", se expande en todas direcciones. En el plan divino, una persona puede expandirse sin límites al nivel del alma. Tú comienzas a ser testigo de lo increíble que es la organización de la creación, con perfecto cuidado e inteligencia infinita. Dado que Dios tiene inteligencia infinita, mientras más se expande tu percepción, más cerca te encontrarás de Dios. Ni siquiera existe la necesidad de buscar sino sólo de contemplar.

Al final, todo ya es Dios; así que sólo es cuestión de percibir a una profundidad cada vez mayor hasta que Dios te sea revelado. Tú adquieres una visión que está sintonizada con los aspectos más finos de la belleza y la verdad. Una de las grandes bendiciones de la existencia es que todo el mundo nace con un deseo por ver más. Ésa es la razón por la cual los sabios de la India creían que incluso el hecho de pensar en Dios es señal de que es seguro que aparezca algún día. Resulta que la expansión de la conciencia *es* el plan divino. No existe otro. En tanto que tu conciencia continúe en su proceso de crecimiento, tú adquieres cada vez más certeza de que también formas parte del plan divino. Nada más se te exige ni se te ha exigido nunca.

6. El éxtasis es la energía del espíritu. Cuando la vida fluye, el éxtasis es natural

El sexto principio es el antídoto para la inercia y declara que la energía infinita está disponible para ti. Tú eres cocreador con Dios. Para reclamar tu poder creativo sólo necesitas conectarte con las energías primarias que se encuentran en tu interior.

¿Cómo sabes si estás conectado con Dios? Uno de los indicativos más evidentes es la manera de fluir de tu vida. Si te sientes estancado, si la inercia y los hábitos gobiernan tus días, entonces tu conexión con Dios es tenue. Por otra parte, si estás convencido de que lo que deseas de la vida avanza día con día, tu conexión con Dios es fuerte. El flujo creativo es la norma de operación del cosmos.

La creación toma infinidad de formas y lo mismo sucede con la energía. En el camino espiritual descubrirás muchos tipos de energía. En mayor medida dependemos de energías superficiales generadas por el ego: ira, temor, impulso competitivo, deseo de logro y amor que nos haga sentir deseables. No existe lo correcto y lo incorrecto en el dominio de la energía, pero el ego se convierte en presa de la ilusión de que *sólo* la ira, el temor, el deseo de logro, etcétera, son reales. El ego ignora las energías superiores y las inferiores, razón por la cual termina aislado.

Las energías inferiores dominan al cuerpo y sus intrincadas funciones. *Inferiores* es un término confuso dado que la inteligencia del cuerpo es tan grandiosa como cualquier otra manifestación de la creación, pero con todo y su asombroso poder de organización, al cuerpo le satisface ser guiado por la mente. La inteligencia del cuerpo es humilde y no necesita dominar o lograr; para el cuerpo, el hecho de pertenecer al orden natural es un hecho bastante gozoso. El ego podría aprender mucho del cuerpo pero es raro que lo haga.

Al mismo tiempo, el ego también impide la entrada a energías superiores, que son las fuerzas sutiles del alma: amor, compasión, verdad y el conocimiento de Dios. El alma no tiene motivos para competir con el ego porque ya ha alcanzado la posición más alta en la creación: la unidad con Dios. Como los círculos de ángeles en las pinturas cristianas medievales que vuelan alrededor del trono celestial y cantan alabanzas a Dios, el alma se contenta con experimentar su propio éxtasis y celebrarlo sin cesar. El ego cree, y está en un error, que dicha felicidad es una ficción o que sólo puede alcanzarse a través de situaciones externas: más sexo, dinero, nivel y posesiones.

Finalmente, existe la energía más sutil de todas, la fuente original a partir de la cual se creó todo lo demás. Esta energía yace en una fina línea entre la existencia y la no existencia. Es la primera sacudida del impulso creativo, la primera fracción del pensamiento de Dios. En la mayoría de las tradiciones espirituales, esta vibración se conoce como "yo soy". Nada podría existir sin ella y, sin embargo, nada es más delicado.

Cuando se experimenta en el nivel personal se siente como éxtasis puro o conciencia gozosa.

El rango completo de estas energías alimenta tu vida y todas ellas están a tu disposición; sin embargo, el tipo de energía que puedes invocar en un momento dado depende de tu nivel de conciencia.

En un nivel burdo, si una persona desea una manzana debe trabajar para ganar el dinero necesario para poder comprarla. En un nivel más sutil, si esa persona desea una manzana, sucede que alguien llega al mismo lugar con una manzana disponible. En el nivel más sutil, si la persona desea una manzana, la manzana aparece. El ego, y el mundo en general, sólo cree en el nivel burdo de la energía, pero todos experimentamos energías sutiles de tanto en tanto: los deseos se vuelven realidad, los anhelos se manifiestan y hay fuerzas invisibles que parecen entrar en juego.

En el sendero espiritual, una persona avanza hacia reinos cada vez más sutiles de la mente y, con cada paso, nuevos niveles de energía se hacen presentes.

Finalmente, cuando se logra la unidad con Dios, toda la energía se hace disponible. En ese punto, tus deseos y anhelos son los mismos que los de Dios. Tú siempre has sido un cocreador potencial y, cuando te haces consciente de Dios, ese potencial se activa por completo. Todo lo que imagines sucederá de manera espontánea, con tanta facilidad como concibes el pensamiento mismo. No podría ser de otra manera dado que, en la unidad, un pensamiento y un objeto son uno y lo mismo.

7. Existe una solución creativa para cada problema.
Cada posibilidad entraña una promesa de abundancia

El séptimo principio es el antídoto para el fracaso y nos dice que toda pregunta incluye su respuesta. La única razón por la cual un problema surge antes que su solución es que nuestras mentes son limitadas; es decir, pensamos en términos de secuencias, de antes y después. Desde el exterior de las estrechas fronteras del tiempo, los problemas y las soluciones surgen en el mismo instante.

La sociedad moderna se orienta hacia la solución de problemas. No faltan personas con iniciativa que se dedican a encontrar nuevas maneras de hacer las cosas y no escasea la creencia en que el progreso no puede detenerse. Sin embargo, gran parte de esta confianza es una distracción. Al enfocarnos en la siguiente tecnología, la siguiente maravilla de la ingeniería, el siguiente descubrimiento médico, perdemos de vista problemas más profundos que no ofrecen soluciones. Buda señaló el problema del sufrimiento; Jesús, el problema del pecado y de la falta de amor; Gandhi, la ausencia de paz en un mundo de violencia. ¿Qué tipo de nueva tecnología me impedirá atacar a mi enemigo? ¿Qué tipo de descubrimiento médico me permitirá amar a mi prójimo como a mí mismo?

Puedes mirar a tu alrededor y darte cuenta de lo inútiles que han sido las soluciones externas. Crimen, hambruna, guerra, epidemias y pobreza aún nos azotan; sin embargo, la sociedad intenta resolver esos problemas con dinero una y otra vez, como si una solución fallida fuera a tener éxito con sólo persistir en ella. En el sendero espiritual descubres que todos los problemas tienen su origen en la conciencia; por tanto, la solución es un cambio de conciencia.

Si fueras feliz en el nivel del alma, en total acuerdo con Dios, ¿cómo sería? En pocas palabras, sería sin esfuerzo. Para ser feliz en el nivel del alma requieres de tres cosas:

> *Actuar sin esfuerzo.*
> *Sentir gozo en lo que haces.*
> *Que tus acciones den resultados.*

Estos tres requerimientos deben trabajar juntos si quieres experimentar la felicidad que quiere Dios. Esto se demuestra en el mundo natural, donde cada criatura actúa de manera espontánea y, no obstante, cada acción sustenta todo el sistema ecológico. Sin embargo, en mayor medida, los seres humanos residimos en un paisaje mental. Nuestra visión de nosotros mismos gobierna sobre lo que hacemos; el ambiente físico ocupa el segundo lugar, si acaso, y esperamos que se adapte a nuestras demandas.

En la naturaleza, cada desafío encuentra una respuesta. Cuando los dinosaurios se extinguieron, los mamíferos se desarrollaron. Cuando las semillas dieron lugar a las plantas con flores, los insectos aprendieron a alimentarse de polen. La creación y la destrucción avanzan juntas y se encuentran en contacto constante entre sí. La misma interacción consistente es también posible en un sistema ecológico mental. En los estados superiores de conciencia no existe espacio entre el deseo y la satisfacción; sin embargo, muy pocos de nosotros experimentamos este estado espontáneo. La condición convencional de separación se refiere por completo a espacios y discontinuidad. Los deseos parecen conducir al fracaso, el plan mejor diseñado parece desviarse y nuestra experiencia de separación parece crecer.

Tal vez pienses que son necesarios esfuerzos heroicos para resolver los problemas que enfrentamos. En términos espirituales, lo contrario es lo cierto. La visión del alma no se relaciona con la lucha y la falta de resultados; es decir, no se enfoca en el fracaso. Sólo necesitas medir tus acciones con base en las tres condiciones sencillas que ya mencioné.

¿Actúo con facilidad y sin luchar?
¿Disfruto de lo que hago?
¿Se presentan los resultados de acuerdo con las acciones?

Tu respuesta afirmativa significa que en el nivel espiritual has tomado el camino correcto; tu respuesta negativa significa que no es así.

Tengo un amigo que ha invertido años en dar dinero y consejos a su familia. De cuatro hermanos, él fue el único en asistir a la universidad y convertirse en un médico exitoso. Es confiado y rápido para ofrecer soluciones y durante años creyó que sabía lo que sus menos afortunados hermanos tenían que hacer con sus vidas.

Hace poco se presentó una crisis: los hermanos, nunca demasiado capaces de encontrar empleo estable, comenzaron a endeudarse. Querían cada vez más dinero de mi amigo, y cuando él amenazó con ya no darles más, ellos se enojaron.

—Mira esto —me dijo, disgustado, y me mostró un mensaje por correo electrónico de su hermano menor—. Dice que si no le doy más dinero, seré culpable de abuso.

Le pregunté cuánta gratitud habían expresado sus hermanos hacia él con el paso de los años. Mi amigo meneó la cabeza.

—Ellos sólo han aceptado mi dinero y me han ignorado.

—Sin embargo, tú continúas con el mismo programa —señalé.

—Tengo que hacerlo. No soporto la idea de que mis hermanos vivan de la beneficencia pública o que sean encarcelados por cometer una acción desesperada —me dijo.

En ese momento mencioné los tres criterios de acción.

—¿Es fácil ayudar a tus hermanos? —pregunté.

—No —admitió él.

Sus hermanos se resistían a cada paso del camino.

—¿Eres feliz de lidiar con ellos? —continué.

—No —respondió él.

Se sentía frustrado y miserable. Con frecuencia había considerado cambiar su número telefónico para no tener que hablar más con ellos. Finalmente, pregunté:

—¿Obtienes algún resultado?

Por supuesto que no era así. En lugar de mejorar sus vidas, el dinero y los consejos de mi amigo sólo les permitían permanecer estancados en sus viejas costumbres.

Cuando ninguna cantidad de pensamientos, esquemas, luchas, persuasión y fuerza alterará una situación, es momento de aplicar las tres sencillas preguntas que le formulé a mi amigo. Todo lo que tú y yo podemos hacer es tomar nuestro papel en el esquema divino. La inteligencia infinita proporciona soluciones a cada problema. En el caso de las plantas y los animales, la ecología se equilibra a sí misma; la planta y el animal individual sólo tienen que desempeñar su parte. Los seres humanos somos más ambiciosos: queremos crear nuestras propias visiones y realizarlas, lo cual complica más las cosas y, sin embargo, aquí también aplican las mismas leyes básicas.

Éste parece ser un buen momento para mencionar una de las acusaciones en contra de las personas que se encuentran en el sendero espiritual: son egoístas e indulgentes consigo mismas; en un mundo sofocado por los problemas, los buscadores espirituales sólo piensan en su propio bienestar y utilizan a Dios como una protección conveniente. En esencia, esta crítica se resume en la declaración de que el ego dicta lo que hacen esos individuos que se llaman a sí mismos espirituales, tal como sucede con el resto de la gente. Éste puede ser un punto legítimo. Si te encuentras en un sendero hacia Dios porque Él es el mayor premio de todos, la lotería por excelencia, entonces no hay duda de que el ego está a cargo.

Sin embargo, cuando el sendero espiritual nos lleva más allá de la adoración al "yo, mi, mío", la expansión de la conciencia desintegra los límites de la separación y comienzas a percibirte no como un individuo aislado sino como parte del todo. Entonces se hace posible ayudar a los demás como te ayudarías a ti mismo, no porque el servicio y la caridad te hagan sentir bien sino porque reconoces que eres la misma persona a quien sirves. El ego es capaz de ofrecer servicio al pobre y al sufriente, pero cuando lo hace existe un motivo ulterior: dar a los demás hace que el ego se sienta superior.

No obstante, conozco incontables buscadores sinceros

que miden sus recompensas en términos de paz, compasión e intimidad con sus almas. El crecimiento espiritual no requiere de una vida de servicio. Esa vida puede ser tan miserable y egoísta como cualquier otra, pero aventuraré que los buscadores espirituales hacen más para aliviar el sufrimiento humano que cualquier gobierno. Cada paso hacia la conciencia de Dios beneficia a la humanidad en su totalidad.

8. Los obstáculos son oportunidades disfrazadas

El octavo principio es el antídoto contra la inflexibilidad y nos dice que los obstáculos son señales de la conciencia de que necesitamos cambiar de dirección; es decir, tomar un nuevo rumbo. Si tu mente está abierta, percibirá la siguiente oportunidad para hacerlo.

Cuando el ego encuentra un obstáculo, su respuesta es ejercer más fuerza. El mundo del ego es un campo de batalla donde tienes que luchar para ganar. No hay duda alguna de que esta actitud puede producir resultados; todo imperio fue construido por la fuerza de la conquista, pero tiene un costo terrible: la ola de la guerra, la lucha y la destrucción van en aumento. Cuando eres atacado existe una enorme tentación de tomar las armas del ego y contraatacar. ¿Cuántos movimientos de paz están llenos de activistas furibundos? ¿Cuántos ambientalistas aman la Tierra pero odian a quienes la maltratan? Como la famosa anécdota de la madre Teresa, ella no quiso participar en ningún movimiento en contra de la guerra porque nunca será lo mismo que un movimiento a favor de la paz.

El mundo del ego presenta un obstáculo masivo al crecimiento espiritual. Por tanto, la necesidad de ser flexibles se presenta cada día. Encontrarás resistencia interna como una constante, con intermitentes victorias y momentos de gozo. Para evitar la desmotivación necesitas darte cuenta de que los obstáculos provienen de la misma fuente que todo lo demás. Dios no sólo está presente en los momentos buenos. Una inteligencia infinita ha encontrado la manera de hacer coincidir cada hora de tu vida con un plan. Es imposible que de un día a otro comprendas las intrincadas e increíbles conexiones entre tu vida y el cosmos. El universo entero tuvo que conspirar para dar origen a este preciso momento en el tiempo.

No podemos planear con antelación cómo enfrentaremos el siguiente desafío y, sin embargo, la mayoría de la gente intenta hacer justo eso al protegerse contra los peores escenarios, al aferrarse a un pequeño repertorio de hábitos y reacciones y al reducir su vida a la familia, los amigos y el trabajo. El hecho de preservar tus recursos puede generar una forma modesta de seguridad, pero entonces habrás cerrado la puerta a lo desconocido, que es lo mismo que esconder tu potencial. ¿Cómo sabrás de lo que eres capaz si no te abres a los misterios de la vida ni le das la bienvenida a lo nuevo? Para que la vida conserve su frescura a cada momento, tus respuestas deben liberarse de tus patrones establecidos.

El secreto es abandonar los viejos hábitos y confiar en la espontaneidad. Por definición, ser espontáneo no puede ser planeado con antelación. No tiene que serlo. Cada vez que te sorprendas en el acto de reaccionar de una manera usual y acostumbrada, sólo deja de hacerlo. No inventes una nueva reacción ni hagas lo opuesto a lo que acostumbrabas. En lugar de eso, solicita apertura. Ve a tu interior, permanece contigo mismo y permite que la siguiente reacción suceda de manera natural.

En cierta ocasión le preguntaron a un famoso compositor de Broadway cómo creaba su maravillosa música. Se sabía que solía estacionar su auto en la orilla del camino, en medio de la saturada corriente de tránsito, para componer una canción exitosa. ¿Cuál era su secreto? "Esperar, dejarse llevar y obedecer", respondió.

Exacto.

9. La evolución es la guía en el camino a través del deseo

El noveno principio es el antídoto contra la hipocresía y nos motiva a actuar según nuestros genuinos deseos porque ellos nos muestran el camino hacia el crecimiento real. No finjas ser mejor de lo que eres ni pretendas otra cosa. No caigas en la trampa de tener un rostro para el mundo y otro para Dios. Quien eres en realidad es justo quien debes ser.

El deseo se ha convertido en un gran problema para la gente moderna. Dos fuerzas jalan en direcciones contrarias: una nos libera de los viejos valores y la otra desea preservar dichos valores. La polarización resultante puede apreciarse en cada esfera de la vida, en especial en los ámbitos social y político. Las personas que acuden a la iglesia se sienten rectas, responsables y obedientes a la voluntad de Dios. Ellos perciben a los demás distintos de sí mismos, carentes de valores y, por tanto, indignos del amor de Dios. Al negar a Dios a todos aquellos que se han apartado del camino de la rectitud, los devotos, sin saberlo, asumen un papel que sólo le corresponde a Dios.

También podemos distinguir esta discordia en nuestros conflictos internos. En el fondo, el conjunto de los viejos valores es restrictivo, su Dios es crítico y sus demandas no pueden ser desobedecidas. En otras palabras, el espíritu existe para dominar a la carne y mantener bajo control sus apetitos. La fuerza de la liberación, por otra parte, evoca un Dios de tolerancia que ama a su creación y sólo pide amor a cambio. Para sanar esta controversia necesitamos percatarnos de que Dios no hace exigencias ni establece límites de ningún tipo de pensamiento, palabra y obra.

Al principio del sendero no importa si eres devoto o ateo. Lo que ambas partes tienen en común es la restricción. La condición prevaleciente resulta ser una visión estrecha que todos compartimos. Entonces, ¿quiere Dios que crezcamos, en qué dirección y de acuerdo con cuáles normas? Ninguna. Tú puedes crecer de la manera que quieras a través de seguir tus propios deseos. Las semillas adecuadas ya están en crecimiento. Las cosas que te interesan de forma más profunda desempeñan el papel de Dios, pues sientes una irresistible atracción hacia ellas.

El mundo visible, en todos sus detalles, es un símbolo de Dios. Puedes mirar el cielo un cálido día de junio, permanecer atento a un partido de futbol por televisión o contemplar el sueño de tu hijo en su cuna. Lo que sea que te cautive también intenta despertarte. Un amigo mío lo expresa de manera más cruda: "Si no sabes hacia dónde vas, no importa dónde comiences". Un impulso de amor, si lo sigues adonde te lleve, se hará más rico e intenso y al final se revelará como divino. Un impulso de gratitud hará lo mismo, al igual que la compasión, la gentileza, la caridad, la fe, la devoción, el aprecio, el arte y la ciencia. Dondequiera que la mente humana quiera expandirse, Dios esperará al final de la línea.

10. Libertad significa dejar ir

El décimo principio es el antídoto para el apego y nos recuerda que el esfuerzo no es el camino de Dios. Si dejas ir lo que no es real en tu vida, lo que quedará será real: lo que queda es sólo Dios.

Con el paso de los años he descubierto que el hecho de dejar ir es frustrante para la gente. Está ansiosa por dejar ir cosas que provocan dolor y sufrimiento; sin embargo, por alguna especie de perversa ironía, los obstáculos se rehúsan a desaparecer. Los cónyuges que sufren abusos no dejan a sus abusadores. Los adictos buscan más de aquello que los destruye. La ira, el temor y la violencia vagan por la mente a voluntad a pesar de que la persona ha intentado por todos los medios renunciar a ellos. ¿Cómo puedes dejar ir cosas que están aferradas a ti de manera tan testaruda?

Decirle a alguien que está atrapado que "sólo deje ir" es tan inútil como decirle a un individuo que está histérico que "sólo se calme". Las cosas negativas se pegan a nosotros porque están atadas a una energía subyacente que no quiere retirarse. La gente iracunda no necesita una razón específica para sentir ira; sólo necesita un pretexto para liberar la energía reprimida que la mantiene en constante ebullición. La gente ansiosa está preocupada en su interior y no por alguna causa en particular sino por el temor en sí mismo. Para ser libre debes encontrar la manera de dejar ir toda la energía atorada que siempre envía los mismos mensajes. La habilidad de dejar ir es más compleja de lo que parece pero no hay nada más crucial.

Veamos más de cerca a la ira y al temor, las dos energías emocionales que nos acechan con más persistencia. Dejar ir a la ira y al temor requiere de un proceso que incluye lo siguiente:

Mantente alerta. No ignores tus sentimientos cuando te sientas enojado o ansioso. Resiste el impulso de desviar la mirada y hacerlos a un lado hasta que queden fuera de tu vista. Mientras más alerta te encuentres, más fácil será para ti tener acceso a la energía atorada y dejarla ir.

Sé objetivo. Si te identificas personalmente con la negatividad, nunca la dejarás ir. Aprende a ver la ira sólo como energía, como la electricidad. La electricidad no tiene nada que ver contigo y tampoco la ira. Es universal y tiene relación con cualquier cosa que parece injusta o abusiva. El temor se relaciona con cualquier cosa que parezca peligrosa o insegura.

Deslígate de los detalles específicos. Las energías se adhieren a situaciones particulares: una persona en específico choca tu

168

auto por detrás, se mete en la fila del supermercado o te roba tu dinero. Éste es el contenido de la situación, sus detalles específicos, y tú no puedes liberarte de energía al experimentar sólo esos momentos. Imagina que tienes una pelea con tu cónyuge. Estás seguro de que tu postura es justificada, pero si te niegas a dejar de estar enojado hasta que tu cónyuge diga: "Yo estaba en un error; tú tuviste razón todo el tiempo", podrás esperar para siempre. Incluso si tu pareja se disculpara, tu enojo podría no desaparecer por completo. Deslígate del contenido de la situación y libera tu ira por ti mismo, por tu propio bien.

Hazte responsable. Esto va de la mano con el desapego. Tu energía es tuya y de nadie más. En términos espirituales, no importa quién tiene la razón ni quién está equivocado o quién es el agresor y quién es la víctima. Lo único importante es cómo ganar tu propia libertad. En un mundo de opuestos, lo correcto y lo erróneo están involucrados en una lucha eterna. Tu papel es dejar ir la energía que se ha atorado en ti por la razón que sea.

Una vez que te haces responsable, ya no serás arrastrado por el capricho de las circunstancias.

No esperes que alguien lo haga por ti. En realidad existe aquello que conocemos como la guía divina, pero el camino hacia la libertad es a través del ser. La mayoría de nosotros espera obtener fuerzas de otras personas, no de un agente divino. Sin embargo, no hay manera de ignorar el hecho de que tu propia mente, cuerpo y alma es todo lo que tienes para el viaje espiritual. Aunque otras personas puedan ofrecerte solaz y útiles deseos, sólo tú puedes embarcarte en el viaje hacia tu interior.

Permite que tu cuerpo participe. Dejar ir no es sólo un proceso mental. De hecho, tú has metabolizado tu pasado y le has dado refugio en tu cuerpo. O, como alguien dijo en palabras simples: "Los asuntos están en los tejidos". Muchos tipos de trabajo corporal y terapias de purificación son útiles para esto. Para comenzar, permite que tu cuerpo haga lo que desee hacer. Él sabe cómo temblar de miedo y cómo convulsionarse de ira. No te resistas a las reacciones naturales de tu cuerpo pero no las inflijas en otras personas. Arrojar fuera de ti la energía atorada es un proceso personal que sólo te pertenece a ti.

Explora y descubre. No quiero decir que el viaje espiritual implica laboriosos esfuerzos realizados a solas. De hecho, es justo lo contrario. Nada es más fascinante que descubrir quién eres en realidad y cuál es tu misión. La gran mayoría de las personas viven vidas prestadas. Todo lo que saben de sí mismas es lo que los demás les dicen; las voces que escuchan en sus mentes provienen del pasado; la visión de sus posibilidades se remonta a lo que aprendieron en la escuela, en la iglesia y dentro de sus familias. El pasado genera energías no resueltas. La necesidad de conformarnos crea en nuestro interior un temor a ser libres. Por fortuna, a medida que puedas liberarte de esas viejas energías ganarás un nuevo bastión de libertad.

Valora la libertad por sobre todas las cosas. Ya mencioné antes que todos escuchamos dos impulsos en nuestro interior. Uno dice: "Esto es lo que quiero hacer" y el otro dice: "Mejor hago esto". La primera es la voz de la libertad; la segunda es la voz del temor. El plan divino es infinitamente complejo pero, cuando se refiere a una persona en particular, es infinitamente simple. Tú puedes ser quienquiera que desees ser y puedes hacer cualquier cosa que desees hacer. No es lo mismo que lo que tu ego quiera que seas o lo que tus fantasías te exijan que hagas. La libertad espiritual te libera en el interior del Ser infinito. Entonces, y sólo entonces, encontrarás a tu verdadero tú. En ese momento, todo lo que deseaste ser en el pasado te parecerá un impulso temporal. Y percibirás que cada impulso por ser libre te conduce en la dirección correcta.

Tus energías estancadas te obligan a ser una persona que ya no existe: el niño enojado carente de amor, el niño asustado que no se siente seguro. El pasado es una guía falsa hacia el futuro y, sin embargo, la mayoría de nosotros dependemos de él. Si profundizas lo suficiente, podrás liberarte del tiempo mismo. De esa liberación depende la libertad por excelencia. Toda la historia humana descansa en ti. Tuyo es el sufrimiento del mundo y sus penas, su temor y su ira. Algunos individuos podrían sentirse desesperanzados al escuchar esta verdad pero, ¿por qué no sentir gozo? Pensar que al liberarte a ti mismo liberas al mundo. ¿Existe un logro más notable?

En alguna ocasión leí que Jesús, Buda y todos los santos y sabios existen por una razón: "para precipitar la realidad sobre la Tierra". En ese momento vi a la humanidad como una pirámide gigante, con cada persona firme en su lugar único e individual. Dios desciende a la Tierra como fresca lluvia de primavera y su gracia se recibe de manera distinta en cada nivel. Unos sienten que es amor, y otros, salvación. En un nivel se siente como seguridad y calidez; en otro, como llegar a casa. No estoy seguro del sitio al cual pertenezco en la pirámide porque he elegido ser un escalador. Me obligo a mantenerme en ascenso, inspirado por vistazos ocasionales del nivel de conciencia que debo alcanzar.

Algún día llegaré a la cima. En esa altura esotérica dudo encontrarme una imagen de Buda o de Cristo o de quienquiera que haya sido bendito con llegar antes que yo. Ellos se habrán desvanecido en el éter. Sobre mí estará sólo la vasta extensión del Todo, la infinita plenitud del gozo de Dios. Sin embargo, mi impulso no será mirar hacia arriba, y no porque tema mirar cara a cara a lo divino. En lugar de eso, quiero mirar hacia abajo porque tú vendrás detrás de mí, sólo unos cuantos pasos atrás. Por fin nos contemplaremos uno al otro bajo la luz de Dios. En ese momento de reconocimiento, lo que sólo puedo describir como amor se elevará como una aurora infinita.

Agradecimientos

A mi editor, Peter Guzzardi, por su habilidad para hacer más eficiente mi uso excesivo de las palabras; a Carolyn Rangel y a mis empleados en el Chopra Center, cuya dedicación es mi inspiración diaria; a mi familia en casa y a mi familia en Harmony Books: gracias, Shaye, Jenny, Julia, Kira y Tara.

¿De qué se ríe Dios?, de Deepak Chopra
se terminó de imprimir en enero de 2016
en los talleres de
Impresora Tauro S.A. de C.V.
Av. Plutarco Elías Calles 396, Col. Los Reyes, México D.F.